कामयाबी की पहली लड़ाई खुद से

राजर्षी शाहू महाराज पुरस्कार प्राप्त संजय तायडे लिखित

कामयाबी की पहली लड़ाई खुद से

कामयाबी पाने के बेहतरीन और खूबसूरत 16 राज

लेखक
संजय तायडे

Penman Books

Office No. 303, Kumar House Building,
D Block, Central Market, Opp PVR Cinema,
Prashant Vihar, Delhi 110085, India

Website: www.penmanbooks.com
Email: publish@penmanbooks.com

First Published by Penman Books 2019
Copyright © संजय तायडे
All Rights Reserved.

Title: कामयाबी की पहली लड़ाई खुद से
Price: ₹499 | $ 14
ISBN: 978-93-89024-54-8

समर्पण

मैं अपनी यह पुस्तक उनको समर्पित करना चाहता हूँ जिन्होंने मुझे जन्म नहीं दिया, लेकिन जिंदगी को जीने लायक बनाया, ऐसी मेरी प्यारी बुआ सरूबाई तायडे और उम्र में छोटे लेकिन दिल के बड़े मेरे छोटे भाई गणेश तायडे और अजनबी होकर भी जिन्होंने कभी मुझे अजनबी होने का एहसास नहीं होने दिया ऐसे मेरे दिल के करीब रहने वाले उमेश देसले (चाचा) जिन्होंने मुझे हर समय प्रोत्साहित किया, मेरा उत्साह वर्धन किया और हमेशा अपने जीवन में अग्रसर और सफल रहने के लिए प्रेरित किया।

प्रस्तावना

जीवन में हर एक मनुष्य कामयाब होना चाहता है, आगे बढ़ना चाहता है, जीतना चाहता है, सफलता प्राप्त करना चाहता है, अपने जीवन को खूबसूरत बनाना चाहता है अपने जीवन को चार-चाँद लगाना चाहता है, लेकिन यह सभी चीजें पाने के लिए वह खुद को बदलना नहीं चाहता है। उसके लिए मेहनत नहीं करना चाहता है, बहाने बनाता है और बाद में हमेशा झगड़ता रहता है।

इसकी वजह से वह जीवन में हमेशा नाकामयाब रहता है, हमेशा अपनी जीवन पर रोता है, असफल होता है, आगे नहीं बढ़ सकता है, सिर्फ सोचता है और अपना पूरा समय सोचने में बिताता है और बातें करने में लगा रहता है। लेकिन आपको अब घबराने की जरूरत नहीं है। यह पुस्तक पढ़ने के लिए आपने ली है, तो आप जीवन में कामयाब होना चाहते हैं, आगे बढ़ना चाहते हैं, अपने सपने साकार करना चाहते हैं, यह बात निश्चित है।

लेकिन मैं आपको दावे के साथ कह सकता हूँ कि अगर आपने पुस्तक पढ़ी और उसमें से सारी चीजें अपने जीवन में उतारीं तो जिस दिन आपने खुद को हराया, खुद को बदला, खुद को काबिल बनाया, खुद को सुधारा, खुद की हैसियत बढ़ाई, उस दिन आप दुनिया के ऊपर राज कर सकते हैं। इसलिए मैं कहता हूँ कि 'कामयाबी की पहली लड़ाई खुद से'। कामयाबी की पहली लड़ाई खुद से खुद के ऊपर जीत

हाँसिल करना, खुद हो हराना। जिस दिन आपने खुद पर जीत हाँसिल कर ली तो समझिए कि उस दिन आपने पूरी दुनिया जीत ली। आप भी जीवन में कामयाब इंसान हो सकते हैं। आप भी आगे बढ़ सकते हैं। आप भी अपने सपने साकार कर सकते हैं और सफलता प्राप्त करके जीवन में आगे बढ़ सकते हैं।

क्योंकि यह पुस्तक लिखने के पहले इस दुनिया में जितने भी कामयाब लोग हुए हैं, जिन्होंने अपने सपने साकार किए, ऐसे सभी महान लोगों की जीवन को मैंने नजदीकी से देखा है, नजदीकी से समझा-पढ़ा और लिखा और इस दुनिया में कामयाबी के ऊपर जितनी भी पुस्तकें महान लोगों ने लिखीं उन सभी पुस्तकों को पढ़कर मैंने कुछ महत्त्वपूर्ण निचोड़ अपनी पुस्तक में प्रस्तुत किया है। इसकी वजह से आप इस पुस्तक को पढ़कर अपनी जीवन में चार-चाँद लगा सकते हैं और आगे बढ़ सकते हैं।

जीवन में हर एक इंसान औरों को सुधारना चाहता है, लेकिन खुद को नहीं। आपको एक चीज समझनी होगी, दुनिया को सुधारने के पहले खुद को सुधारना होगा। खुद को सुधारना पड़ता है इसलिए कामयाबी की लड़ाई खुद से शुरू होती है। आपने खुद को हराया तो आप दुनिया जीत सकते हैं।

> मुझे आशा है कि यह किताब आपकी कामयाबी का एक हिस्सा बन सकती है। यह किताब पढ़कर आप अपने जीवन में बदलाव लाएँ और औरों की जिंदगी में सुधार और बदलाव लाने के लिए यह किताब जन्मदिन या अच्छे मौके पर उपहार में दें।

आभार

जीवन में हर एक इंसान की कामयाबी के पीछे बहुत सारे लोगों का हाथ होता है। जाने या अनजाने में बहुत से लोग किसी-न-किसी तरह सहायता करते हैं।

वैसे ही मेरी कामयाबी या मेरे इस पुस्तक को लिखते वक्त मुझे बहुत से लोगों ने मदद की है। मैं जिस कंपनी में कार्यरत था, जिसका नाम 'प्रिस्टन आयुर इंडिया प्रा.लि.' है, उसी कंपनी में डॉ. प्रवीण बड़े सर और एडमिन मि. चंदा मॅम, इन दो व्यक्तियों के कारण पुस्तक लिखने के दौरान मुझे कोई बाधा नहीं हुई।

मेरे घनिष्ठ मित्र मि. एस. के हाजी सर, जिन्होंने मेरी अनुपस्थिति में मेरे सारे कार्यभार को अपने कार्यक्षेत्र में लेकर उसे पूरा किया और वक्त पर मेरी सहायता की। उसी तरह मेरे प्यारे दोस्त कृणाल ठक्कर, अनिल निकम, वाल्मिक निकम, दीपक पाटिल (मात्रोश्री बेकरी शॉप), योगेश धनगर, आर.पी एंटरप्राइसेस और मेरे छोटे और बड़े भाई गणेश तायडे और किरण तायडे जिन्होंने कठिनाइयों के समय में हमेशा मेरी सहायता की। उसी प्रकार से प्रिस्टन आयुर इंडिया प्रा.लि. कंपनी के उन सभी कर्मचारियों को मैं तहे दिल से आभार प्रकट करता हूँ जिन्होंने कभी किसी भी चीज को लेकर मुझसे कोई शिकायत नहीं की।

मैं डॉ. दीपक पर्बत और कैलाश पिंजानी जिनकी वजह से यह पुस्तक लिखना संभव हो सका, मैं उनका तहे दिल से धन्यवाद करना चाहता

हूँ और राजेश दिवटे (यश तुमचे पुस्तक के लेखक) का भी तहे दिल से शुक्रिया और जिन्होंने मुझे हर वक्त सँभाला। मैं अपने सभी मित्रों का आभार व्यक्त करना चाहता हूँ जिन्होंने मेरी इस पुस्तक को लिखने में मदद की। मैं सभी सहायकों का तहे दिल से शुक्रिया अदा हूँ और मेरे पिता भगवान तायडे, जिन्होंने मुझे कठोर शिक्षा देकर आगे बढ़ने के लिए सही दिशा दिखाई और मेरे परम मित्र भरत अहिरे, जिन्होंने मुझे समय-समय पर सही चीजें करने के लिए मदद की और मेरे परम मित्र जाने-अनजाने में जिन्होंने मुझे इस पुस्तक को लिखने में मदद की और ऐसे मेरे सभी प्यारे दोस्त और सभी लोगों का तहे दिल से शुक्रगुजार हूँ।

यह किताब किनके लिए

यह पुस्तक विशेषकर उन लोगों के लिए है, जिनके पास अभी कुछ भी नहीं है, लेकिन जीवन में सब कुछ पाना चाहते हैं, जिनके सपने बड़े हैं, जिनको अपने खुद के दम पर जीवन में कुछ कर दिखाना है और उन लोगों के लिए है, जिन्हें जीवन में कामयाब होना है, जीवन में सफल होना है, जिन्हें अपना जीवन खूबसूरत बनाना है और जिन्हें जीवन में आगे बढ़ना है। यह पुस्तक उन सभी लोगों के लिए लाभदायक है, जिन्हें जीवन में नाम, पैसा, इज्जत, धन-दौलत कमाना है।

यह पुस्तक उन लोगों के लिए है, जो चाहते हैं कि दुनिया मुझे सलाम ठोके। जो चाहते हैं दुनिया मेरे पीछे भागे ना कि मैं दुनिया के पीछे। यह पुस्तक उन सभी लोगों के लिए है, जिन्हें आम इंसान से खास इंसान बनना है।

यह पुस्तक उन सभी लोगों के लिए है जिन्हें जीवन में कुछ नया कर दिखाना है। कुछ हाँसिल करना है, जिनको अपने दम पर कुछ कर दिखाना है, जिन्हें सफलता प्राप्त करनी है, जिन्हें अपनी जीवन-शैली को चार चाँद लगाना है। यह पुस्तक सभी वर्ग के लोगों के लिए एक मार्गदर्शक है, चाहे वह विद्यार्थी हो, पुरुष हो, व्यापारी हो या कोई भी अन्य व्यक्ति हो।

इस किताब से आप क्या-क्या सीख सकतें हैं

इस पुस्तक से आप सभी लोग कामयाब और सफल होने के राज सीख सकतें हैं। इस पुस्तक से आप आगे बढ़ने के रास्ते और अपनी जीवन में चार चाँद लगाना सीख सकते हैं।

इस पुस्तक से आप यह सीख सकते हैं कि सफलता के लिए सेहत क्यों जरूरी है। आपकी आदतें किस तरह की होनी चाहिए, आत्मविश्वास क्या होता है, संघर्ष क्या होता है, आप दुनिया में कितने लोगों से मिलते हैं, आपको जीवन जीने की वजह मालूम होती है, किन चीजों का हमारी कामयाबी पर क्या असर पड़ता है, हमें कौन से वादे करने चाहिए, संपूर्ण जीवन हम बहाने करते रहते हैं जिसकी वजह से हम लोग डूब जाते हैं।

इस पुस्तक से हम बहुत कामयाबी के राज सीखने वाले हैं। अपना जीवन खूबसूरत बना सकते हैं। उनके लिए किन-किन चीजों की जरूरत होती है, यह सारी चीजें हम सीख सकते हैं: जैसे किया हुआ वादा निभाना चाहिए, अपनी आदतें बदलनी चाहिए, बहाने नहीं बनाने चाहिए, सेहत का खयाल रखना चाहिए, आत्म विश्वास होना चाहिए, हमको अपने जीने का मकसद पता होना चाहिए। किस तरह के लोग होते हैं, किन-किन चीजों को अपनाना चाहिए, संघर्ष क्या होता है, कामयाबी,

सफलता और आगे बढ़ने का राज क्या होता है? – हम यह सब बातें इस पुस्तक से सीखने वाले हैं।

इस पुस्तक में आप यह सीखोगे कि जीवन में आप कैसे सफलता के शीर्ष पर पहुँच सकते हैं। सफल जीवन के सिर्फ तीन मूल-मंत्र हैं:

1. कभी हार मत मानें

2. हर पल मुस्कुराएँ

3. जीवन की कठिनाइयों को पीछे छोड़कर आगे बढ़ते रहें।

जीवन में कामयाब होने के लिए खुद को आग में तपाना पड़ता है यह चीज आप इस पुस्तक से सीखने वाले हैं।

जीवन में कोई भी दर्द,
तकलीफ, समस्या, गम, डर,
इंसान के साहस और जुनून से बड़ा नहीं है।
हारा वही जो जीवन में कभी लड़ा ही नहीं है।
—संजय तायडे

पहले रुको, तभी आगे बढ़ो

हाँ, आपने ऊपर बिल्कुल सही पढ़ा है। सबसे पहले हाथ में एक कागज और पेन लीजिए। फिर यह पुस्तक पढ़ने के लिए उठा लीजिए क्योंकि इस पुस्तक के कुछ महत्त्वपूर्ण और जरूरी मुद्दे आपके काम आ सकते हैं जो आपको कामयाबी के उत्तम शिखर पर पहुँचा सकते हैं।

जीवन में सफल होने के लिए जो महत्त्वपूर्ण बातें हैं उसे आप एक जगह पर लिखें और उन महत्त्वपूर्ण बातों पर अमल करें।

विषय सूची

मेरे जीने की वजह क्या है?

दुनिया में हर एक इंसान कामयाब होना चाहता है, सफल होना चाहता है, आगे बढ़ना चाहता है, आसमान की बुलंदियों को छूना चाहता, लेकिन कर नहीं पाता। क्योंकि उसको जीने की वजह पता ही नहीं है। वह धरती पर आया यह उसको पता होता है लेकिन वह इस धरती पर क्यों आया यह उसको ज्ञात न होने की वजह से वह जीवन में कामयाब हो नहीं सकता। जिन-जिन लोगों को अपने जीने की वजह, अपने जिंदा रहने की वजह न पता हो वे लोग धरती पर जानवर की तरह जन्म लेते हैं और जानवर की तरह मर जाते और इस प्रकार के लोग सिर्फ कुछ सालों बाद चले जाते हैं।

वे लोग जिनको पता नहीं होता अपने जीने का मकसद, उनको हर पल दर्द, तकलीफ, उलझन जैसी समस्या का सामना करना पड़ता है। उनको पता नहीं चलता कि खुद के लिए कौन सा रास्ता सही है क्योंकि उन्होंने फैसला ही नहीं लिया है कि मुझे कौन से रास्ते पर चलना है। इसलिए उनको हर रास्ता सही लगता है और थोड़ा-बहुत मुसीबत आने पर वही रास्ता उनको गलत लगता है, क्योंकि उनको पता नहीं कि उनको जाना कहाँ पर है। इसलिए वह हमेशा कन्फ्यूज रहते हैं।

जब आपको अपने जीने की वजह पता होती है अपने जीने की वजह, तो आपके सामने लाख मुश्किल आने पर भी पीछे नहीं हटते, लेकिन आपको जब पता नहीं होता तब आपको छोटी-छोटी चीजें भी बहुत मुश्किल लगती हैं।

जब आपको अपना जीवन जीने का मकसद पता होता तो उस वक्त आप अपनी पूरी शक्तियों का इस्तेमाल करते हैं और आपको जाना कहाँ है, उसके लिए आपको सही दिशा मिल जाती है और आपका समय-पैसा और मेहनत बच जाता है, लेकिन आपको जब पता नहीं होता या आपको समझ में नहीं आता कि आपके जीने की वजह क्या है तब आपको बहुत समय लगता है और जरूरत से ज्यादा मेहनत करनी पड़ती है। उसके बदले में सिर्फ आपको दर्द, तकलीफ, समस्याओं का सामना करना पड़ता है। लेकिन जब आपको आपके जीने की वजह पता है तो आप एक सही जगह पर अपनी शक्तियों को लगाते हैं, जब आपको पता होता है कि मैं इस धरती पर क्यों आया तो आप हर क्षण का सही इस्तेमाल करके हर पल का आनंद उठाते हैं और जब आपको पता नहीं होता, तब आपको यह जीवन बहुत उबाऊ लगता है।

इस दुनिया में बहुत से लोग अपना मकसद दूसरों के कहने से चुनते हैं। मेरी माँ की हार्दिक इच्छा थी मैं डॉक्टर बनूँ, इसलिए मैंने सोचा कि मुझे डॉक्टर बनना चाहिए। मेरे पिताजी की चाहत थी मुझे इंजीनियर बनान चाहिए। मेरे चाचा का कहना है कि बिजनेसमैन होना जरूरी है, इसलिए मुझे बिजनसमैन बनना जरूरी है। मेरे बड़े भाई बोल रहे हैं कि एडवोकेट होना चाहिए, इसलिए मैं एडवोकेट बनूँगा। मेरे चाचा मुझे टीचर बनने के लिए बोल रहे हैं क्योंकि टीचर बहुत अच्छा पेशा है।

जो सामने वाले के हिसाब से अपने जीवन का लक्ष्य चुनते हैं, वह जीवन में कभी कामयाब नहीं होते हैं।

अगर आप पूरी दुनिया में सफल लोगों की जीवनी पढ़ेंगे या देखेंगे तो आपको एक ही चीज समझ में आएगी कि उन सब सफल लोगों को अपने जीने की वजह पता थी। इस धरती पर क्यों आए, मेरे जीने का मकसद क्या था, यह सब उनको पता था इसलिए वह जीवन में हमेशा कामयाब और सफल रहे।

सफल लोग और उनके मकसद

1. सचिन तेंदुलकर - क्रिकेट
2. लता मंगेशकर - गायिका
3. विश्वनाथ आनंद - चेस
4. सानिया मिर्जा - टेनिस
5. जाकिर हुसैन - तबला
6. महात्मा गाँधी - आजादी
7. मेजर ध्यानचंद - हॉकी
8. वारेन बफ्फेट - इनवेस्टमेंट
9. रतन टाटा - बिजनेसमैन
10. शाहरुख खान - अभिनेता।

आप इनको देखो, क्रिकेट के भगवान सचिन तेंदुलकर, इनको पता था कि मेरा जन्म सिर्फ क्रिकेट के लिए हुआ है। मैंने सिर्फ क्रिकेट के लिए इस धरती पर अवतार लिया है, मेरे जीने का मकसद सिर्फ क्रिकेट है? इसलिए आज वह दुनिया के सफल और कामयाब लोगों में से एक हैं। लता मंगेशकर, इनको पता था कि मैं गाना गाने के लिए बनी हूँ। विश्वनाथ आनंद को पता था कि मुझे चेस का धुरंधर बनना है? सानिया मिर्जा को टेनिस में नाम कमाना था? जाकिर हुसैन को तबला का बादशाह बनना था? तबला बजाते वक्त उनके हाथों से खून निकलता था लेकिन उनको उस वक्त आनंद की अनुभूति होती थी, दर्द नहीं होता था क्योंकि उनका जन्म सिर्फ तबला बजाने के लिए हुआ था। महात्मा गाँधी जी का जन्म देश को आजादी दिलाने के लिए ही हुआ था। ध्यानचंद सिर्फ हॉकी खेलने के लिए बिस्तर छोड़ते थे। इनवेस्टमेंट के बादशाह सिर्फ वारेन बफ्फेट बन सके एक सही और एक अव्वल दर्जे का बिजनेसमैन हैं रतन टाटा, इनके पास जीने की वजह थी। किंग खान बनना शाहरुख खान का मकसद बना, जीने की वजह बनी।

जीवन में वही चीज करो जिसे करने की वजह से आप हर्षोत्साहित होते हैं। जिस चीज को करने में आपको आनंद की अनुभूति होती है, वो करो जिसे करने के लिए आपका दिल कहता हो। अगर आपको किसी काम को करने के पैसे नहीं मिल रहे हैं लेकिन फिर भी आपको वह काम करने में आनंद की अनुभूति हो रही है तो ध्यान रखें कि वह कार्य आपके जीवन जीने की वजह बन सकती है। लेकिन बहुत से लोग पैसे देखकर कुछ करने की सोचते हैं, परंतु वह नाकामयाब होते हैं। कुछ लोग वह चुनते हैं जिसका नाम ज्यादा है। कुछ लोग वह चुनते हैं जो आसान हो। कुछ लोग यह देखकर मकसद चुनते हैं कि कौन सा क्षेत्र बहुत अच्छा है। कुछ लोग नाम देखकर मकसद चुनते हैं। कुछ लोग यह चीज बहुत आसान है और बहुत नाम है, पैसा है, इसकी वजह से भी अपने जीने की वजह चुनते हैं, लेकिन वह कुछ दिनों बाद बरबाद हो जाते हैं क्योंकि उन्होंने अपने दिल की नहीं सुनी होती है। इसलिए वह अपनी जीने की वजह नहीं चुन पाते हैं, या उनको पता नहीं चलता है।

वह तो दुनिया या समाज या रिश्तेदारों की सुनकर अपना मकसद तय करते हैं, इसलिए दुनिया में सफल नहीं होते हैं।

एक इंसान डॉक्टर का पैसा, मान-सम्मान देखकर सोचता है कि मैं डॉक्टर बनूँगा लेकिन डॉक्टर नहीं बनता क्योंकि उन्होंने सामने वाले का पैसा और मान-सम्मान देखकर मकसद तय किया है और बाद में असफल होता है। वही इंसान किसी राजपुरुष की प्रसिद्धि और ऐशो-आराम देखकर तय करता है कि मुझे राज करना है, लेकिन बाद में बर्बाद होता है। वही इंसान एक अव्वल दर्जे के अधिकारी को देखता है कि जिनके हाथों में सारा कानून होता है, इस प्रकार के अधिकारी बादशाह होते हैं। यह सोचकर वह भी अव्वल दर्जे का अधिकारी बनने का मकसद बनाता है लेकिन अंत में हार मान लेता है।

जो इंसान बाहर का या सामने वाले का मान-सम्मान, पैसा, धन-दौलत, ऐशो-आराम, नाम-शोहरत देखकर अपना मकसद बनाता है,

वह दुनिया में सिर्फ नाकामयाब होता है, असफल होता है। लेकिन जो इंसान आपने दिल की सुनता है और वही करता है, जो उसे पसंद है जिसे करने से उसको पैसा, नाम, इज़्ज़त-शौहरत, धन-दौलत ना मिले फिर भी वह पूरी लगन से करता है जिसे करने की वजह से उसका मन हर्षोत्साहित होता है और उसमें एक नई ऊर्जा का संचार होता है और वह चीज करने के लिए मरने-मिटने के लिए हमेशा तैयार रहता है यही उसका मकसद बन सकता है। वही चीज उसकी जीने की वजह बन सकती है और वह उसी चीज के लिए धरती पर आया है, उसका जन्म उसी चीज के लिए हुआ, यह सभी जो सोच-समझकर अपनी वजह ढूँढ़ता है, पता करता है, वही जीवन में बहुत कामयाब होता है,।

मैं आपको आपकी जीने की वजह या आपके जीवन का मकसद या आप कौन सी चीज अच्छी करने के काबिल हैं, यह बताने की कोशिश करता हूँ। कुछ निम्नलिखित मुद्दों का उपयोग करके:

1. जो आपका दिल बोलता है वह करने के लिए

2. जो आपको सही लगता है और पसंद है, जिसमें आप माहिर बनेंगे और दुनिया की नज़र में बादशाह कहलाएँगें

3. जिसे करने में आपको खुशी मिलती है

4. आपके पास पैसा नहीं होगा या आपको पैसा नहीं मिला तो भी आप उस काम के लिए तैयार रहेंगे

5. जिसे आप सही ढंग से और अच्छी तरह से करते हैं

6. जो काम करने से आपकी ज्यादा प्रशंसा होती है

7. जिस काम के लिए आपको ज्यादा काबिल समझा जाता है

8. जिस काम को करने से आपको ज्यादा पुरस्कार, बख़्शीस, बोनस मिलता है

9. जिसे सीखते समय आपको बोरिंग नहीं होता है, जो काम आपको बहुत आसान लगता है

10. जिस काम को करते वक्त आपको ज्यादा तकलीफ नहीं होती है

11. जो काम आपको सीखना बहुत आसान लगता है

12. जो चीज आपको ज्यादा आकर्षित करती है

13. जो चीज करने में आपका मन लगता है

14. जिसके बारे में आप ज्यादा सोचते हैं

15. जिसके बारे में आप ज्यादा पढ़ना पसंद करते हैं

16. जिसके बारे में आप ज्यादा लिखना पसंद करते हैं

17. जिसके बारे में और ज्यादा बात करना पसंद करते हैं

18. जिसके बारे में और अच्छा खोज करना चाहिए, इसकी लगन या चाहत होती है

19. जिसमें आप बेहतरीन बनना चाहते हैं

20. जिसे आप ज्यादा से ज्यादा सीखना पसंद करते हैं

21. जिसे करते वक्त आप उसमें डूब जाते हो या उसमें खो जाते हो

22. जिसे आप करते हो उस वक्त आपको समय का पता भी नहीं चलता है

23. जिसे करते वक्त आप सबकुछ भूल जाते हो

24. जिसको करते वक्त आपको भूख-प्यास, नींद नहीं लगती है

25. जो आप बनना चाहतो हो या जो चीज आप करते हो उस चीज के बारे में आप कभी गलत नहीं बोलते, उसके बारे में नकारात्मक नहीं होते, उसे बदनाम नहीं करते

26. या सामने वाले को भी नहीं करने देते या गलत बोलने देते या गलत सोचने नहीं देते हैं

27. उस चीज की आप हमेशा तारीफ करते हो

28. जो चीज आप करना चाहते हो उस क्षेत्र के महान लोगों की तारीफ करते हो या उनके जैसा आचरण करने की आपकी चाहत होती है

29. जो काम करते वक्त आपको ऊर्जा और शक्ति मिलती है

ऊपर दिए गए मुद्दों में से कोई भी 10 से 15 बातें अगर आपके ऊपर लागू होती हैं तो आप समझ लीजिए कि भगवान ने आपको वह चीज करने के लिए इस धरती पर भेजा है। वही आपका मकसद है, वही आपकी जीने की वजह है।

कोई भी चीज आप अभी करते हो या कर रहे थे तो वह चीज आपका मकसद जीने की वजह चुनने के लिए काम आ सकती है या जरूरी हो सकती है।

कामयाबी की सात सीढ़ियाँ

जिस तरह ऊपर चढ़ने के लिए हमें सीढ़ी का इस्तेमाल करना पड़ता है उसी तरह हमें भी जीवन में आगे बढ़ने के लिए कामयाब होने के लिए या सफलता पाने के लिए भी सीढ़ी का इस्तेमाल करना पड़ता है। इसे मैं कामयाबी की सीढ़ी बोलता हूँ।

जिस तरह छतपर ऊपर चढ़ने के लिए हम सीढ़ी का इस्तेमाल करते हुए छत पर चढ़ जाते हैं और खुले आसमान का जी भर के आनंद उठाते हैं। उसी तरह कामयाबी की सीढ़ी चढ़कर हम जीवन का खुलकर आनंद उठा सकते हैं।

1. **समयः** जिस वक्त समय की मार पड़ती है तो बादशाह भी फकीर बन जाता है। हाँ, आपने ठीक सुना जो इंसान जीवन का मजा लेना चाहता है लेकिन अगर वह अपने समय का सही इस्तेमाल नहीं करेगा तो जीवन में उसे बुरे दिनों से गुजरना पड़ेगा। जो इंसान समय का सही इस्तेमाल करेगा वह जीवन का मजा लूट सकता है। इसलिए आपने अपने समय की कदर की तो समय भी आपकी कदर करेगा। इसलिए समय का सही इस्तेमाल करें। जो अपने समय का सही इस्तेमाल नहीं करता उसे समय एक दिन बरबाद करके रख देता है। समय का इस्तेमाल अपनी औकात और अपने विकास को बढ़ाने के लिए करना चाहिए। जो व्यक्ति वक्त बिताने के लिए समय का इस्तेमाल पुस्तक पढ़ने में, अच्छी विडियो देखने में, अच्छी ऑडियो सुनने में, अच्छे कार्य में लगाता है तो इसके बदले में उसे प्रगति और कामयाबी मिलती है। अगर आपने समय

को सही जगह पर लगाया तो आपको प्रगति और कामयाबी मिलेगी और यदि आपने समय का दुरुपयोग किया जैसा कि जरूरत से ज्यादा टी.वी., जरूरत से ज्यादा फेसबुक, वॉट्सअप, इंटरनेट और अन्य चीजों पर खर्च किया तो आपको उसके बदले में विनाश, तनाव और बरबादी मिलेगी। इसलिए अपना समय फालतू के कार्य में व्यर्थ न करें।

समय दिखाई नहीं देता लेकिन सबकुछ दिखाकर चला जाता है। अगर समय का सही इस्तेमाल किया तो समय राजा को फकीर और फकीर को राजा बना सकता है। जो लोग जरूरत से ज्यादा अपना समय मौज-मस्ती और फालतू के कार्य में लगाते हैं एक दिन समय उनको बरबाद करके रख देता है। जो वक्त के साथ नहीं चलता है, उसके साथ कोई नहीं चलता। समय गूँगा होता है लेकिल सबकुछ बताकर जाता है।

2. पैसा: कामयाबी की दूसरी सीढ़ी है पैसा। पैसे की वजह से तुरंत दो चीज मिलती हैं। पहला अमीरी और दूसरा ज्ञान। लेकिन बहुत से लोग पैसे का इस्तेमाल खराब चीजों के लिए करते हैं, मौज-मस्ती, पार्टी, शराब पीने में करते हैं। मेरा मतलब यह है कि जरूरत से ज्यादा पैसे का गैर इस्तेमाल मत करो। जहाँ जरूरत है वहाँ खर्च करना चाहिए। लेकिन ऐसी व्यर्थ जगह पर ना खर्च करें जहाँ हमारा फायदा ना होकर सिर्फ नुकसान ही हो। लेकिन मेरे हिसाब से अगर आपने पैसों का सही इस्तेमाल किया जैसे पैसे से अच्छी पुस्तक ले आए, खुद की औकात बढ़ाने के लिए पैसा खर्च किया तो आपके पास और ज्यादा चला आएगा ऐसा दुनिया बोलती है। पैसा है तो दुनिया पूछती है। लेकिन मैं आपको पैसे के बारे में एक चीज बताना चाहता हूँ:

पैसा लगाओ वहीं जहाँ अपने को लगे सही
फिर मिलेगा वही जो आपको चाहिए।

3. ज्ञान (पुस्तक): आपने बचपन में सुना होगा कि ज्ञान मनुष्य की तीसरी आँख होती है, जब यह खुलती है, मनुष्य के सामने कामयाबी

के सारे दरवाजे खुल जाते हैं। यह बात सही है। आपके पास अगर धन होगा तो कभी-न-कभी धन आपका साथ छोड़ देगा। मतलब धन ही नहीं दुनिया की हर एक चीज आपका साथ छोड़ सकती है। लेकिन ज्ञान ही एकमात्र ऐसा है जो कभी आपका साथ नहीं छोड़ता। हमेशा आपको धन की रक्षा करनी पड़ती है। ज्ञान आपकी रक्षा करता है। मतलब देखभाल इसलिए मैं हमेशा कहता हूँ कि, एक हजार के दोस्त के बराबर एक अच्छी पुस्तक होती है। मोहब्बत करनी है, तो पुस्तकों से करो। अगर एक दिन वह बेवफा भी हो गई, तो वह आपका जीवन बदल देगी। जीवन परिचय अच्छे सफल लोगों के जीवन को पढ़िए। अगर आपको आपके कमाई से दोगुना इनकम करनी होगी तो आपको तीन गुना पढ़ाई करनी होगी, मतलब ज्ञान लेना होगा। आपके पास जितना ज्ञान होगा आपकी कमाई उतनी ही ज्यादा बढ़ेगी।

बिल गेट्स हर दिन एक पुस्तक पढ़ते हैं, वॉरेन बफे हर दिन 500 पेजेस पढ़ते हैं। दुनिया के सभी सफल लोग हर दिन कुछ-न-कुछ नया पढ़ते हैं क्योंकि उनको एक सही दिशा मिलती है।

आपके पास जितना ज्ञान होता है आप उनते ही कामयाब होते हैं और आपके पास जितना ज्ञान होता है उतना ही आपके पास पैसा आता है। इसलिए जीवन में ज्ञान महत्त्व को जरूर समझें और जिसके पास सरस्वती होती है, उसके पास लक्ष्मी भी होती है। जीवन में पुस्तक पढ़ने की वजह से हम बहुत सी समस्याओं का निवारण खुद ही करते हैं।

4. मेन्टरः तैरना दो रास्तों से सीखा जा सकता है। पहला रास्ता खुद सीखना और दूसरा रास्ता मेन्टर से सीखना। लेकिन पहला रास्ता अपनाने से आपको बहुत समय, बहुत मेहनत और हद से ज्यादा परेशानियों का सामना करना पड़ेगा। अगर आपने दूसरा रास्ता अपनाया तो कम समय में, कम मेहनत में, बहुत कम परेशानियों में बहुत कुछ अच्छा सीख सकते हो। अगर हमको जीवन में बहुत कम समय और कम मेहनत के

आगे निकलना है तो हमको एक सही मेन्टर चुनना होगा क्योंकि जिस क्षेत्र में आपको आगे बढ़ना है, उसी क्षेत्र के सही विशेषज्ञ का चुनाव करना होगा क्योंकि उस क्षेत्र में उन्होंने महारथी हाँसिल किया हुआ है। आप अभी जिस रास्ते से गुजर रहे हो, अगर उस रास्ते से वह इंसान पहले गुजर चुका है तो उसको उस रास्ते का पूरा ज्ञान और अनुभव मिल गया है। इसलिए आपको वह सही रास्ता बता सकता है। क्या करना चाहिए और क्या नहीं करना चाहिए? यह आपको सिर्फ आपके मेन्टर ही बता सकते हैं क्योंकि मेन्टर को उस फील्ड के पैर के नाखुन से लेकर सर के बाल तक का ज्ञान है। ऐसे व्यक्ति को अपना मेन्टर बनाओ और उसके बनाए हुए मार्ग पर चलो। उसके बताए हुए रास्ते पर चलो या उनके बताए हुए ज्ञान के अनुसार बर्ताव करो तो कामयाबी आपको कम समय में और कम मेहनत में मिल सकती है और अगर आपका मेन्टर सही नहीं है तो आप सदैव असफल रहेंगे। आपकी बर्बादी में आपके मेन्टर का बहुत योगदान होता है।

शिष्य – मेन्टर

1. शिवाजी महाराज – माता जीजाबाई

2. अर्जुन – श्री कृष्ण

3. सचिन तेंडुलकर – रमाकांत आचरेकर

4. लता मंगेशकर – गुलाम हैदर

5. वातावरण: जैसे किसी फल को उगाने के लिए वातावरण की जरूरत होती है उसकी तरह अच्छा वातावरण भी जीवन में आगे बढ़ने के लिए जरूरी होता है। जिस तरह फल के लिए वातावरण जरूरी है उसी तरह अच्छा वातावरण कामयाबी के लिए जरूरी है।

जिस तरह कुछ दिनों तक मुर्गी के बच्चे के साथ अगर गरुड़ का बच्चा रहा तो गरुड़ का बच्चा भी मुर्गी के बच्चे जैसा बर्ताव करने लग जाता है।

गरुड़ के बच्चे का अपना वातावरण छोड़कर मुर्गी के बच्चे के वातावरण में रहने कि वजह से उसके शरीरिक और मानसिक क्षमता पर काफी असर पड़ता है। इसलिए अगर आप असफल लोगों के वातावरण में रहे तो आपके अंदर असफलता के सभी अवगुण चले जाएँगे। इसलिए अच्छा वातावरण सफलता के लिए बहुत ही जरूरी है। आपके आस-पास का माहौल जिस तरह का होगा उसी तरह आप भी बन जाते हैं, या उस वातावरण के हिसाब से आपके भीतर का विकास होता है। अगर आप अपने से ज्यादा होशियार और बहादुर, लोगों के वातावरण में रहेंगे तो आप भी बहुत जल्द होशियार और बहादुर बनेंगे। अगर आप अमेरिका में पैदा हुए तो आपकी सोच, बर्ताव, व्यवहार, आचरण अमेरिका जैसा होगा, हिंदुस्तान के लोगों जैसा नहीं होगा। इसलिए वातावरण का हमारी सफलता पर बहुत असर होता है।

6. नियोजनः यह कामयाबी की सबसे सरल और अच्छी सीढ़ी है जिससे कि आप कम समय में अपने हर एक कार्य में सफलता प्राप्त कर सकते हैं। हम में से ज्यादातर लोग बिना नियोजन के काम करते हैं जिससे उस कार्य में बहुत सारी दिक्कतें आ जाती हैं। अगर आपको जीवन में कामयाब होना है या आपको जीवन के हर कार्य में सफलता हाँसिल करनी है तो आपको इस कार्य को करने के पहले नियोजन करना पड़ेगा। तब जाकर आप उस कार्य में सफलता हाँसिल कर सकते हो। जिस वक्त आप सही नियोजन करते हो किसी कार्य को करने के लिए उस वक्त आप आधी जंग जीत चुके होते हैं।

सही नियोजन करना, यानी आधी जंग जीतना।

इसलिए कोई भी कार्य करने के लिए सबसे पहले उस कार्य का नियोजन कीजिए ताकि वह कार्य करना आपके लिए आसान हो जाए और उस कार्य में आपको कम से कम मुश्किलें आएँ। अगर आप बिना किसी नियोजन के किसी भी कार्य को करते हैं तो आपको उस कार्य को करने में समय ज्यादा लगेगा और मेहनत भी ज्यादा लगेगी और हो सकता है कि असफलता की संभावना भी ज्यादा बढ़ सकती है।

7. दोस्तः जैसी आपकी मित्रता होती है आपका व्यवहार भी वैसा ही होता है। अगर आपके पास दोस्त शराबी होंगे तो आप भी शराबी बनेंगे। अगर आपके पास दोस्त हमेशा नकारात्मक सोच वाले हैं तो आप भी नकारात्मक सोचेंगे। अगर आपके पास दोस्त सफल, कामयाब, सकारात्मक, आत्मविश्वासी, होशियार, बहादुर, अमीर बिजनेस मैन, ईमानदार होंगे तो आप भी वैसे हो सकते हैं, मतलब कामयाब, सकारात्मक, आत्मविश्वासी, होशियार, बहादुर, अमीर बिजनेस मैन व ईमानदार हो सकते हैं।

जितना हो सके उतना खराब दोस्तों से दूर रहो, क्योंकि जैसी संगत वैसी रंगत होती है। आप जैसे लोगों के साथ रहते हो उसी तरह आप भी बन जाते हो। इसलिए जीवन में अगर आपको एक कामयाब इंसान बनना है तो आपको सोच-समझकर दोस्त चुनना होगा। अगर आपके दोस्त शराबी, नकारात्मक सोच वाले, लापरवाह, मक्कार, गद्दार होंगे तो आप भी कुछ दिनों के बाद वैसे ही बन सकते हैं। अगर आपके दोस्त होशियार, कामयाब, सिरफिरे, जिहादी और अच्छे होंगे तो आप भी कुछ दिनों बाद उनके जैसे बन जाओगे और आपके साथ ऐसे ही दोस्त रखो या आप ऐसे ही दोस्तों के साथ में रहो जो आपकी गलतियाँ आपके मुँह पर बताकर आपको सुधारने की और आगे बढ़ने की इच्छा रखता है, नहीं तो मुँह पर अच्छी बातें कहकर दुनिया में भटकने वाले और अपनी मंजिल से गुमराह करने वाले दोस्तों की छाँव भी अपने ऊपर गिरने मत दो। जो हमेशा सकारात्मक और कामयाबी की बाते करता है और आपकी गलतियाँ मुँह पर बताता है, ऐसे दोस्तों के साथ रहें क्योंकि उनकी वजह से आपको कामयाब होने में मदद होगी और मक्कार, गद्दार, अनपढ़, गँवार जिनकी जीवन में कोई लक्ष्य नहीं है सिर्फ मीठी-मीठी बातें करते हैं, ऐसे लोगों को जितना हो सके उतना दूर रखो और उनकी छाँव भी अपने ऊपर कभी गिरने मत दो नहीं तो आपको डुबाने के लिए सिर्फ आपके पुराने और बदमाश दोस्त ही काफी हैं।

कामयाबी का एक ही हथियार आत्मविश्वास

दुनिया में आत्मविश्वास ही एक ऐसी चीज है, जिसे खरीदा नहीं जा सकता है और न ही बेचा जा सकता है। इसे खुद ही विकसित करना पड़ता है। दुनिया में आत्मविश्वास ही एक ऐसा हथियार है जो कि दुनिया की हर एक जंग जीतने के लिए जरूरी है। आत्मविश्वास की वजह से हम दुनिया की कोई भी जंग लड़ सकते हैं या जीत सकते हैं। आत्मविश्वास यानि कि खुद के ऊपर विश्वास या खुदके ऊपर भरोसा होना। जिस तरह छाता बारिश को रोक तो नहीं सकता लेकिन बारिश से आपको बचा सकता है। इस भाग-दौड़ की दुनिया में हर पल कोई-न-कोई स्पर्धा हो रही है। हर व्यक्ति अपने समकक्ष या यूँ कहें कि प्रतिस्पर्धी को पीछे छोड़ने के लिए या गिराने की अपेक्षा में पसीना बहा रहा है। इसलिए जिसके पास आत्मविश्वास होगा वह व्यक्ति हर हाल में ऐसे संघर्षपूर्ण वातावरण में जरूर कामयाब होता है।

जिसके पास आत्मविश्वास होगा उसको दुनिया में कोई माँ का लाल कामयाब या सफल होने से नहीं रोक सकता। वह हमेशा आगे बढ़ता रहता है। जिसके पास आत्मविश्वास होता है वह व्यक्ति सदैव प्रगतिशील रहता है। किसी भी प्रकार के दुःख-दर्द या तकलीफ उसका बाल भी बाँका नहीं कर सकते हैं। वह मनुष्य जिसके पास सबकुछ है किंतु आत्मविश्वास नहीं, वह हमेशा नाकामयाब रहेगा और असफल भी।

जिस वक्त पूरी दुनिया आपके खिलाफ आवाज उठा रही हो लेकिन फिर भी आप अपना आत्मविश्वास बनाए रखें हों और आप दृढ़निश्चयी बने हुए हों तो दुनिया की कोई ताकत आपको कामयाब होने से नहीं रोक सकती। आप पूरी दुनिया को नामुमकिन लगने वाले काम को भी सफलतापूर्वक पूर्ण करते हैं क्योंकि आपका आत्मविश्वास चरम सीमा पर होता है।

आत्मविश्वास एक ऐसा वरदान है जिसे न खरीद सकते हैं और न ही कोई इसे दान कर सकता है। हमें स्वयं ही आत्मविश्वास को विकसित करना होता है और यही हर मनुष्य को करना भी चाहिए। अपने आत्मविश्वास को प्रबल एवं दृढ़ बनाएँ।

अनेकों प्रयास करने के बाद हमारा आत्मविश्वास बढ़ता है। किसी भी मनुष्य को इसे स्वयं ही विकसित करना पड़ता है। हर मनुष्य के भीतर यह आत्मविश्वास होता है।

आत्मविश्वास से परिपूर्ण व्यक्ति हमेशा बलवान और शक्तिशाली रहता है। जिसके पास आत्मविश्वास नहीं होता है वह सदैव दुविधा में रहता है और दुर्बल होता है।

जिसके पास आत्मविश्वास होता है वह एक-न-एक दिन कामयाबी को हाँसिल करके रहता है और अपने जीवन को चार-चाँद लगाकर ही चैन की साँस लेता है। जिसके पास आत्मविश्वास नहीं होता है वह हमेशा असफल होता रहता है, नाकामयाब रहता है। उसकी पूरी कायनात मदद करे फिर भी वह अपनी जीवन में आगे बढ़ नहीं सकता क्योंकि उसके पास आत्मविश्वास नहीं है।

यदि खुद पर विश्वास है तो अँधेरों में भी रास्ते मिल जाते हैं। आत्मविश्वास के बल पर आप गगन को चूम सकते हैं और बिना आत्मविश्वास के आप मामूली चीज नहीं पकड़ सकते। आत्मविश्वास वह चाबी है जो कामयाबी के सारे दरवाजे खोल देती है।

जिस तरह सौ माले की इमारत अपने गहरी नींव पर टिकी रहती है या निर्भर रहती है, उसी तरह कामयाबी भी आत्मविश्वास पर निर्भर रहती है।

जिस मनुष्य के पास आत्मविश्वास होता है वह हमेशा जीतने के बारे में सोचता है और उस मनुष्य को यह आभास होता है कि कोई भी नकारात्मक बाधा उसे सफलता प्राप्त करने से नहीं रोक सकती है। वह सदैव सकारात्मक सोचता है और उसको हर काम में सफलता मिलती है फलस्वरूप अंतत: वह सदैव खुश नजर आता है।

जिसके पास आत्मविश्वास नहीं होता है, वह हमेशा नकारात्मक सोचता है और सोचता है कि मैं इस कार्य के योग्य नहीं हूँ। यह बहुत ही मुश्किल है, यह तो नामुमकिन है। वह पहले ही यह स्वीकार कर चुका होता है कि यह कार्य मेरे से नहीं हो पाएगा क्योंकि उसका आत्मविश्वास दुर्बल है।

आत्मविश्वास आपने अंदर एक नई ऊर्जा निर्मित करता है। आप उसी तरह विकसित होते हैं जिस तरह आपका आत्मविश्वास होता है। अगर आपका आत्मविश्वास सकारात्मक होगा तो आप सकारात्मक बनेंगे। जैसे अगर कोई कार्य वास्तव में कठिन है और आपने ठान लिया कि यह कार्य मेरे लिए आसान है तो आप निश्चित ही उस कार्य को संपूर्ण कर लेंगे।

लेकिन अगर आपका आत्मविश्वास नकारात्मक होगा तो यही कार्य आपको अत्यधिक कठिन एवं नामुमकिन लगेगा। अगर आपने यह निश्चय कर लिया कि यह कार्य मुझसे नहीं हो सकता है तो वह कार्य आप कभी संपूर्ण नहीं कर पाएँगे। वह व्यक्ति सदैव जीत हाँसिल करता है जिसका आत्मविश्वास प्रबल होता है। जिसके पास आत्मविश्वास होता है वह हमेशा जीतने का सोचता है और उसकी सोच हमेशा सकारात्मक होती है। जब किसी मनुष्य के ऊपर पूरी दुनिया भरोसा नहीं करती है,

फिर भी उसके भीतर की आवाज उससे कहती है कि वह जीत सकता है और वह जीतकर ही दिखाता है।

मनुष्य को स्वयं पर आत्मविश्वास होना चाहिए, दुनिया पर नहीं। जिस वक्त पूरी दुनिया आपके खिलाफ आवाज उठा रही है कि यह काम नामुमकिन है और बहुत ही मुश्किल है लेकिन आप दुनिया को छाती-ठोक कर और सीना तानकर बोलते हैं कि यह बहुत ही आसान है और मुमकिन है तो उस वक्त आपका आत्मविश्वास चरम सीमा पर होता है और आत्मविश्वास से आप वह काम कर दिखाते हैं, क्योंकि आपको स्वयं पर विश्वास होता है इसलिए अगर आपका आत्मविश्वास प्रबल है तो आप विश्व में किसी भी कार्य को सफलतापूर्वक कर सकते हैं और कोई भी नकारात्मक क्रिया या वस्तु आपको किसी भी प्रकार से क्षति नहीं पहुँचा सकती है।

जो लोग दृष्टिबाधित होते हैं, मुकबधीर होते हैं, जिनकी आँख नहीं होती, जिनके हाथ नहीं होते, जिनके पर नहीं होते, जिनके बदन में ताकत नहीं होती, जिनके सर पर बाल नहीं होते, ऐसे लोगों के पास भी आत्मविश्वास होता है कि वे जीवन में आगे बढ़ सकें और उनके पास कुछ भी न होते हुए फिर भी वह आत्मविश्वास के दम पर कामयाब होकर दिखाते हैं और दुनिया को साबित करके दिखाते हैं कि कामयाबी का एक ही हथियार आत्मविश्वास ही है।

नाकामयाब होने के लिए सिर्फ 20 बहाने

दुनिया में जिस इंसान को बहुत जल्दी कामयाबी के ऊपर जीत हाँसिल करनी है, वह हमेशा तरीके ढूँढ़ता है। जो इंसान जीवन में जितने ज्यादा बहाने बनाता है वह उतना ही कामयाबी से दूर चला जाता है और जो इंसान जितने तरीके ढूँढ़ता है उतना ही कामयाबी उसके पास चली आती है।

बहाने क्या हैं?

अपने जीवन में कोई भी मकसद या कार्य साकार न करने के लिए बनाई हुई सोच है। इसकी वजह से हम स्वयं की तरक्की नहीं कर पाते हैं, दुनिया में इंसान बहाने इसलिए बनाता है ताकि वह स्वयं को तसल्ली दे सके और उसके हिसाब से दुनिया उसको समझे और तसल्ली दे। इसकी वजह से वह नाकामयाबी से बचना चाहता है।

बहुत से लोग इसलिए बहाने देते हैं ताकि:

1. अपनी खुद की इज्जत बची रहे
2. अपनी अंदर की कमियाँ छुपी रहें
3. सामने वाले से सहानुभूति और तसल्ली मिलती रहे
4. बनावटी और झूठी कामयाबी मिलती रहे

5. बहुत से लोग खुद को आराम क्षेत्र में रहने के लिए बहाने बनाते हैं

6. खुद को अच्छा महसूस होता रहे

7. औरों को अच्छा फील होता रहे

8. लोग हमारे बारे में सिर्फ अच्छा ही सोचें

9. वे कम्फर्टजाने में रह सकें

10. स्वयं को तसल्ली मिल सके

जो इंसान तरीके ढूँढकर आगे बढ़ने का सोचता है, सफलता उसी को मिलती है। उसके जीवन में चार-चाँद लगते हैं और जो इंसान बहाने देता है, कुदरत उसकी झोली में सिर्फ असफलता, नाकामयाबी डालती है, इस तरह के मनुष्य जीवन में असफल होते हैं। यह कामयाबी का सरल मार्ग है। जीवन में अभी तक जो लोग सफल, कामयाब और आगे बढ़े हैं, उन्होंने अपनी जीवन में कभी भी बहाने नहीं दिए। उनके सामने जैसी भी परिस्थितियाँ आई, उसके ऊपर उन्होंने जीत हाँसिल की। उन्होंने न खुद से और न ही परिस्थितियों से समझौता किया। सिर्फ उन्होंने आगे बढ़ने का जज़्बा और हौंसला रखा। इसलिए वह जीवन में कामयाब हो सके और अपना खुद का नाम रोशन कर सके। मेरे हिसाब से बहाना देना यानि खुद को कामयाब होने का धोखा देना या फिर फसाना या डुबाना होता है। दुनिया के ऐसे कुछ और सबसे कॉमन बहाने जो कि दुनिया का हर इंसान बनाकर खुद की कामयाबी के बीच रुकावट डालता है, और उसी बहाने के ऊपर कुछ चंद लोगों ने जीत हाँसिल कर अपने खुद के नाम का इतिहास रचा और वह बहाना नहीं है या रुकावट नहीं है। यह झूठ है, यह साबित करके दुनिया को दिखाया है।

हमारे बहाने, लोगों के बहाने, दुनिया के बहाने और उसके ऊपर जीत हाँसिल करने वाले सफल और कामयाब इंसान

1. हमारा बहानाः मेरे पास धन-दौलत नहीं है। मेरे पास पैसा नहीं है।

कामयाब इंसानः दुनिया का सबसे तेज भागने वाला धावक और वर्ल्ड रेकॉर्ड बनाने वाला उसैन बोल्ट के पास भी एक समय पैसा नहीं था।

लेकिन वर्ल्ड रेकॉर्ड बनाने का जज़्बा और जुनून ने उनको कामयाब बनाया।

2. हमारा बहाना: मैं बहुत गरीब घर में पैदा हुआ, मेरे माता और पिता बहुत गरीब हैं।

कामयाब इंसान: जिनके माता और पिता को दो वक्त का खाना भी नसीब नहीं होता था। ऐसे परिवार में एक बालक ने जन्म लेकर इतिहास रचकर दिखाया है और पूरी दुनिया की कायापलट कर दी है। गरीबी ही अमीर बनने का रास्ता दिखाती है। अब्दुल कलाम दुनिया के सबसे अच्छे वैज्ञानिक बने। पूरी दुनिया उनको मिसाईल मैन के नाम से जानती है और वह हमारे भारत देश के राष्ट्रपति भी बने। गरीबी में जन्म लेकर या गरीब परिवार में होने के बावजूद भी उन्होंने जीत हॉंसिल की और दुनिया में कामयाब इंसान भी बने।

3. हमारा बहाना: मेरे पास वक्त नहीं है। मेरे पास समय नहीं है।

कामयाब इंसान: हॉकी खेल के भगवान समझे जाने वाले ध्यानचंद जी, जिनको दिन में प्रैक्टिस करने के लिए वक्त नहीं मिलता था इसके बावजूद दुनिया में प्रख्यात होने के लिए और अपने खेल को चार-चाँद लगाने के लिए अपने खेल का मास्टर बनने के लिए रात को भी प्रैक्टिस करते थे।

4. हमारा बहाना: बचपन में मेरे माता-पिता गुजर गए।

कामयाब इंसान: मेरे प्यारे दोस्त मैं आपको एक बात बताना चाहता हूँ कि दुनिया के महान वैज्ञानिक न्यूटन साहब के जन्म के तीन महीने पहले ही उनके पिता गुजर गए थे और जब न्यूटन साहब सिर्फ 3 साल के थे तो उस वक्त उनकी माँ ने दूसरी शादी कर ली और उनको नानी के पास छोड़ दिया। जब वह 15 साल के थे तब उस वक्त उनके सौतेले पिता भी गुजर गए और 19 साल की उम्र में न्यूटन साहब को एक लड़की से प्यार हो गया और उन्होंने उनसे शादी भी कर ली। लेकिन कुछ दिन बाद या बहुत जल्द ही वह लड़की भी उनको छोड़कर चली गई। इसके

बावजूद उन्होंने कभी दोबारा शादी नहीं की। अब यहाँ पर गौर करने वाली बात यह है कि जन्म से ही समस्याओं और मुसीबतों से सामना करने वाले न्यूटन साहब ने कभी भी हमारे जैसा बहाना नहीं दिया। लेकिन इन चीजों की वजह से वे और भी मजबूत हुए और आपको पता है कि उन्होंने गुरुत्वाकर्षण का आविष्कार भी किया और एक कामयाब और महान वैज्ञानिक बने। उनकी परिस्थितयों ने उन्हें मजबूत बनाया।

5. हमारा बहानाः काम तो बहुत मुश्किल है और यह काम मुझे नहीं जमेगा, नहीं आएगा।

कामयाब इंसानः जिनको शुरुआत में हवाई जहाज बनाना मुश्किल लगता था और उनको लग रहा था कि मुझसे नहीं होगा, लेकिन खुद से सकारात्मक बात करके 'राईट बंधुओं' ने हवाई जहाज का आविष्कार किया।

6. हमारा बहानाः मेरे पास ज्यादा दिमाग नहीं है, मेरे पास ज्यादा ज्ञान नहीं है।

कामयाब इंसानः जिनको बचपन में यही बोला जाता था कि वे मंद बुद्धि हैं। लेकिन वे इन सारी चीजों से परेशान न होते हुए विज्ञान में अपना अविस्मर्णीय योगदान दिया क्योंकि उनको विज्ञान में रुचि और दिलचस्पी थी। इसकी वजह से उन्होंने बिजली के बल्ब का आविष्कार करके दिखया और पूरी दुनिया को प्रकाशित किया। 999 बार असफल होने के बाद भी उन्होंने कभी हार नहीं मानी और दुनिया में अपने नाम की प्रख्याति हाँसिल की।

7. हमारा बहानाः मैं इस काम के काबिल नहीं हूँ या मेरे पास इस काम को करने की काबिलियत नहीं है।

कामयाब इंसानः किसी भी तरह का ज्ञान नहीं था, मतलब ज्यादा शिक्षा न प्राप्त करते हुए भी फोर्ड कम्पनी बनाई और हेनरी फोर्ड के नाम से प्रख्यात हुए।

8. हमारा बहाना: मैं बहुत बार नाकामयाब होता हूँ या मैं बार-बार नाकामयाब होता हूँ।

कामयाब इंसान: पूरी दुनिया में सबसे ज्यादा असफल होने वाले इंसानों में से एक अब्राहम लिंकन हैं, जो कि जीवन में 15 बार चुनाव हारे। फिर भी हार न मानते हुए आगे बढ़े और अमेरिका के राष्ट्रपति बने।

9. हमारा बहाना: मेरे साथ हमेशा बुरा होता है।

कामयाब इंसान: दुनिया में इस सदी के सबसे बड़े महानायक अमिताभ बच्चन अपने जीवन के शुरुआत में अथक् परिश्रम करते हुए लगभग 17 फिल्में फ्लॉप होने की निराशा से गुजरे, फिर भी उन्होंने यह कभी भी नहीं कहा कि हमेशा मेरे साथ ही बुरा होता है। इसके बावजूद वह दुनिया के सबसे जाने-माने और प्रख्यात सुपर-स्टार हैं।

10. हमारा बहाना: मेरे पास खुद का नाम बनाने के लिए कुछ भी नहीं हैं।

कामयाब इंसान: जब एन.आर. नारायण मूर्ती ने अपना नाम बनाने के बारे में सोचो तो उस वक्त उनके पास कुछ भी नहीं था। फिर भी उन्होंने अपनी बीवी के गहने गिरवी रख दिए और बाद में बेच भी दिए। आज उनके नाम से ही इनफोसिस पूरे विश्व में पहचानी जा रही है और आई.टी. के क्षेत्र में शीर्ष पर है।

11. हमारा बहाना: मेरे पास अच्छा और सबसे बढ़िया साधन नहीं है।

कामयाब इंसान: करसनभाई पटेल, जिन्होंने अपना आधा जीवन साईकिल पर घूमकर निरमा बेचकर गुजारा और दुनिया की सबसे अच्छी डिटर्जेंट की कम्पनी बनाई और बढ़िया और अच्छा साधन न होते हुए भी अपना जीवन सफल बनाया।

12. हमारा बहाना: मेरे पास पैर नहीं है।

कामयाब इंसान: दुनिया में सबसे अच्छी नृत्य करने वाली नृत्यांगना सुधा चंद्रन के पैर नहीं है लेकिन उन्होंने कभी हार नहीं मानी, बहाना नहीं दिया।

13. हमारा बहाना: मैं बाहरी हूँ।

कामयाब इंसान: अभिनेत्री मरली मेटलिज बचपन से बाहरी थीं लेकिन उन्होंने उनके क्षेत्र में ऑस्कर जीता।

14. हमारा बहाना: मेरी लंबाई-ऊँचाई बहुत कम है।

कामयाब इंसान: क्रिकेट के भगवान सचिन तेंदुलकर, जिनको हम क्रिकेट खेल का भगवान मानते हैं। सचिन तेंदुलकर की लंबाई पूरी क्रिकेट टीम में सबसे औसत थी फिर भी वे क्रिकेट के क्षेत्र में शीर्ष पर हैं।

15. हमारा बहाना: मेरी नौकरी बहुत छोटी है।

कामयाब इंसान: पेट्रोल-पंप की छोटी सी नौकरी करके धीरूभाई अंबानी ने पूरे विश्व में रिलायंस का साम्राज्य स्थापित किया।

16. हमारा बहाना: मेरा धंदा डूब गया।

कामयाब इंसान: दुनिया की सबसे बड़ी शीतल पेय बनाने वाली पेप्सी कोला भी दो बार डूब गई थी लेकिन अब भी बाजार में उनका नाम है। लेकिन अब भी सर्वाधिक विक्रय वाले वस्तु हैं।

17. हमारा बहाना: मैं बहुत बूढ़ा हो गया।

कामयाब इंसान: केंटुकी फ्राईड चिकन के मालिक कर्नल सैंडर्स, जिन्होंने 65 साल की उम्र में पहला रेस्टोरेंट खोला था।

18. हमारा बहाना: मेरी कोई भी सुनता नहीं है।

कामयाब इंसान: जब इन्होंने अपना आईडिया दुनिया को बताना शुरू किया तो इनको भी किसी ने नहीं सुना, लेकिन दुनिया में आज ज़िरोक्स, फोटो मशीन काफी प्रख्यात हैं।

19. हमारा बहाना: मुझे बहुत सारी बीमारियाँ हैं।

कामयाब इंसान: स्टीफन हॉकिंग, जिनका पूरा जीवन उनका साथ नहीं दे रहा था फिर भी वह दुनिया के अच्छे वैज्ञानिक बने।

20. हमारा बहाना: मुझे मेरा परिवार मदद नहीं करता है।

कामयाब इंसान: जिनको बचपन में घर से निकाल दिया था और अभी वह अनाथ बच्चों की माँ के नाम से पूरी दुनिया में जानी जाती हैं। सिन्धुताई सपकाल, जिन्होंने बहाने के ऊपर जीत हाँसिल की। उनको जीवन में जो चाहिए था वह उनको कुदरत से मिला।

जीवन में कोई भी काम देखने से मुश्किल और करने से आसान लगता है। इसलिए कभी बहाने न बनाएँ, उस काम को हर हाल में करें और कामयाब बनें।

खुद से करो वादा फिर कामयाबी होगी फिदा

"जानता हूँ मकसद कहाँ पर है,
अभी तो सफर का इरादा किया है।
ना हारूँगा जीवन में कभी यह मैंने औरों से नहीं,
बल्कि खुद से वादा किया है॥"

दुनिया में अगर सिर्फ सोचने से सफलता मिलती तो दुनिया का हर इंसान सफल और कामयाब बनता। लेकिन सफलता के लिए सिर्फ सोच जरूरी नहीं होती है। उसके लिए बहुत सारी चीजें जरूरी होती हैं। उनमें से सबसे महत्त्वपूर्ण चीज है वादा। सफलता और कामयाबी के लिए जरूरी है वादा। खुद से वादा दुनिया में बहुत से लोग हर पल, हर दिन, हर महीना, हर साल, हर पाँच साल, हर दस साल करते हैं और किए हुए वादे तोड़ देते हैं, लेकिन उनको पता नहीं होता कि यह वादा तोड़ने की आदत की वजह से वह कामयाबी से दूर होते चले जाते हैं और कामयाबी से दूर रहते हैं। वादा करना और किया हुआ वादा तोड़ना खुद के तथा दूसरों की नज़र में गिरना होता है।

आपने बहुत बार यह सुना होगा कि कई इंसान कहते हैं कि मैं पाँच मिनट में बताता हूँ या उत्तर देता हूँ लेकिन वे पाँच घंटे बाद भी उत्तर नहीं दे पाते या यूँ कहें कि प्रत्युत्तर नहीं देते हैं। और कई बार आपने किसी व्यक्ति को यह भी कहते हुए सुना होगा कि आपका काम मैं

तुरंत खत्म कर दूँगा लेकिन कुछ साल बीतने के बाद भी वह काम पूरा नहीं हो पाता।

इस प्रकार के व्यक्ति कभी उस कार्य को नहीं करते, इस वजह से आपको समाज में बेइज्जत होना पड़ता है। दुनिया मे कामयाबी का सूत्र यही है कि आप जो कहें, वही करें भी। दुनिया से आप स्वयं के किए हुए वादे से पीछे न हटें क्योंकि हटने से आपको इस समाज में अपमानित होना पड़ सकता है।

आप किया हुआ वादा निभाते नहीं हैं, इसलिए आपको समाज में अपमानित होना पड़ता है। आपको नतमस्तक होकर चलना पड़ता है। इसलिए आपको जीवन में स्वयं से और दूसरों से किया हुआ वादा निभाना जरूरी है। तब जाकर आप जीवन में अपनी गर्दन ऊँची करके जी सकते हैं और अपना मान-सम्मान बचा सकते हैं।

दुनिया में जितने भी लोग कामयाब और सफल हुए होंगे उन्होंने स्वयं से और दूसरों से किए हुए वादे पूरे किए। जीवन में उन्होंने जो वादा स्वयं से और दूसरों से किया, उस वादे को अंतत: पूर्ण किया है और हमेशा अपनी और दुनिया की नज़र में अच्छे बने रहे। वादा करना और किया हुआ वादा निभाना यह कामयाबी के नज़दीक जाने का रास्ता है। वादा पूरा करने की वजह से आपके और कामयाबी के बीच में जो भी छोटी-बड़ी कठिनाइयाँ आती हैं वो अपने आप मूलत: समाप्त हो जाती हैं।

अगर आप वादा पूरा नहीं करते तो आपको मंजिल पाने के लिए छोटी-छोटी कठिनाइयों का सामना करना पड़ सकता है किंतु आपको ऐसी कठिनाइयाँ बहुत बड़ी लगेंगी। लेकिन अगर आप खुद से वादा करते हैं और उसे पूरा करते हैं तक आपके और कामयाबी के बीच कोई भी बड़ा होने पर भी आपके ऊपर उस बाधा का कोई असर नहीं होगा

मैं आपको एक चीज बताना चाहता हूँ। आपने स्वयं से एक वादा किया है कि मुझे एक महीने में 10 किलो वजन कम करना है, और

आपने यह ठान लिया है कि मुझे हर हाल में एक महीने में किसी भी प्रकार से 10 किलो वजन कम करना ही है, उस समय आपके सामने कोई भी छोटी-बड़ी समस्या आए तो भी उस समस्या से आप बाधित नहीं होंगे और आप उस समस्या का आपके जीवन में कोई भी असर महसूस नहीं करेंगे।

जैसे कि आपके सामने कोई भी चटपटी या मसालेदार चीज जिसके कारण वजन बढ़ता है उस समय आप उसे ग्रहण न करते हुए स्वयं को नियंत्रण में रखेंगे क्योंकि आपने 10 किलो वजन कम करने का स्वयं से वादा किया है। आपका सुबह जल्दी उठकर कसरत करना, प्राणायाम, योग, ध्यान करने का दिल नहीं करेगा। आपको कम्फर्ट ज़ोन को छोड़ने की इच्छा नहीं होगी। लेकिन आप भरी नींद में से आँख खोलेंगे और हर वह एक क्रिया करेंगे जिस क्रिया से आपका वजन कम हो जाए क्योंकि आपने स्वयं से 10 किलो वजन कम करने का वादा किया है। उस वक्त आपको दुनिया की कोई भी शक्ति आपको रोक नहीं सकती।

10 किलो वजन कम करने के लिए अगर आपने खुद से वादा किया है। मैं गरीब पैदा हुआ लेकिन अमीर होकर ही मरूँगा तो आप हर दिन 16 घंटे अच्छे से काम करेंगे, पैसा कमाने के बारे में सोचेंगे, पैसा बचाने के बारे में सोचेंगे और पैसा और समय सही जगह पर निवेश करेंगे क्योंकि आपने स्वयं से अमीर बनने का वादा किया है और उसके बीच में कोई भी आने की कोशिश करे तो आप उसका नामो-निशान मिटा देंगे। आपको कोई शक्ति नहीं रोक सकती क्योंकि आपने स्वयं से अमीर होने का वादा किया है। उस वक्त महँगाई, मंदी, किसी भी प्रकार से आपत्ति आपका कुछ बिगाड़ नहीं सकती क्योंकि आपका स्वयं से वादा है। हमारी दुनिया में महान लोग थे जिन्होंने स्वयं से वादा किया और उसे पूर्णत: निभाया निभाया और अपना नाम दुनिया में छोड़कर चले गए।

मेरे जैसे ही हर एक बालिका को शिक्षा मिलनी चाहिए। यह वादा सावित्रीबाई फुले जी ने खुद से किया था और आज आप देख रहे हैं, उनकी वजह से हर एक स्त्री को शिक्षा का अवसर प्राप्त हुआ। उन्होंने

खुद से वादा किया और निभाया भी। वे स्वयं, दूसरों की नज़र में सही साबित हुईं लेकिन यह वादा पूरा करते वक्त उनको अनेकों मुश्किलों का सामना करना पड़ा। फिर भी वह डरी नहीं क्योंकि उनके वादे के सामने सारी मुश्किलें कुछ भी नहीं थीं। मेरे समाज को दुनिया में अच्छा दर्जा मिलना चाहिए यह वादा और डॉ. बाबासाहेब अंबेडकर जी ने स्वयं से किया और अपने समाज को वैश्विक स्तर पर एक सम्मानजनक दर्जा दिलाया। किंतु यह दर्जा दिलाने के लिए उनको अनेकों समस्याओं का सामना करना पड़ा। बहुत सारी लड़ाइयाँ लड़नी पड़ीं लेकिन उन्होंने स्वयं से वादा किया था। इसकी वजह से उनके सामने कोई भी मुश्किलें वा तकलीफें उनके वादों में बाधा नहीं बन सकीं।

आज आप जितने भी कामयाब लोग देखेंगे वे सिर्फ उनके किए हुए वादे और निभाए हुए वादों की वजह से दुनिया में सफल हुए। अगर आपको भी दुनिया में आगे बढ़ना है तो कुछ वादे कामयाबी पाने के लिए जरूरी होते हैं। अब मैं आपको कामयाबी पाने के लिए कुछ जरूरी 11 वादे बताना चाहता हूँ, जो कि निम्नलिखित हैं:

1. कामयाबी पाने के लिए जो-जो चीजें करनी चाहिए वह सारी चीजें मैं हर हाल में करूँगा।

2. मैं जीतने के लिए पैदा हुआ हूँ।

3. जीवन में कभी शिकायत नहीं करूँगा।

4. मैं कभी भी जीवन में हिम्मत नहीं हारूँगा।

5. मैं हमेशा योद्धा रहूँगा।

6. मैं बदलाव से कभी नहीं डरूँगा।

7. मैं भाग्य पर नहीं सिर्फ मेहनत पर भरोसा रखता हूँ। मैं मेहनत से कभी नहीं डरूँगा।

8. हर दिन मैं अपना स्तर विकसित करूँगा।

9. हर दिन स्वयं में बदलाव लाऊँगा।

10. जो भी करूँगा सदैव उत्तम करूँगा।

11. स्वयं पर पैसा और समय खर्च करूँगा। अपना स्तर बढ़ाने के लिए कभी भी पैसा और समय निवेश करने में कंजूसी नहीं करूँगा। दिल खोलकर खुद पर पैसा और समय खर्च करूँगा। मेरे खयाल से दुनिया में कामयाब होने के लिए बहुत से वादे करने पड़ते हैं लेकिन मैंने आपको आगे बढ़ने के लिए कुछ सामान्य वादे बताए हैं। इन वादों को पूरा करके आप भी सफलता पा सकते हैं और अपने सपने साकार कर सकते हैं।

मेरे प्यारे दोस्तों

अगर किया हुआ वादा आप पूरा करते हैं तो समाज में आपका मान और सम्मान बढ़ता है और किया हुआ वादा अगर नहीं निभाया तो आपको दुनिया के सामने अपमानित होना पड़ता है। किया हुआ वादा पूरा करने के बाद आपको खुद को अच्छा फील होता है और आपका आत्मविश्वास बढ़ता है और खुद से वादा करने पर आपमें एक ऊर्जा निर्मित होती है और वह ऊर्जा आपको सफलता की ओर ले जाने में सहायता करती है। इस प्रकार की ऊर्जा आपको हमेशा जीवित रखती है।

जब तक किया हुआ वादा पूरा नहीं होता वह ऊर्जा हमें जीवित रखती है ताकि हम उस वादे को पूरा कर सकें। इसलिए वादा करना और उसे निभाना हमारे जीवन का बहुत महत्त्वपूर्ण हिस्सा है। आप किसी चीज को दिलचस्पी के साथ नहीं करेंगे तो आपका जितना मन चाहे सफलता नहीं मिलेगी लेकिन अगर आप किसी चीज को प्रतिबद्ध होकर चल रहे हो तो आपको उस काम में जल्दी सफलता मिल सकती है इसलिए अगर आपको अच्छे परिणाम चाहिए तो आपको वादा करके उसे निभाने की आवश्यकता है।

बाज से सीखो
40-5-70 संघर्ष का सूत्र

मनुष्य को अपने जीवन में इतना संघर्ष तो जरूर करना चाहिए जिससे वह अपने बच्चे का आत्मविश्वास बढ़ाने और उत्साहवर्धन करने हेतु किसी और व्यक्ति का उदाहरण न प्रस्तुत करे:

चमकना होगा सूरज जैसा तो
जलना भी पड़ेगा सूरज जैसा

जिस तरह सूरज को चमकने के पहले खुद को जलाना पड़ता है ठीक उसी प्रकार से हर मनुष्य को अगर चमक चाहिए तो उनको आग में तपना पड़ेगा। जिस मनुष्य को आसमान को छूने की इच्छा है तो उस मनुष्य को संघर्ष करना ही पड़ेगा। आपकी जीवन में जितना ज्यादा संघर्ष होगा कामयाबी भी उतनी ही लाजवाब होगी। दुनिया में हर एक इंसान को कामयाबी चाहिए होती है। हर इंसान आगे बढ़ना चाहता है। हर एक इंसान आसमान को छूना चाहता है, सफलता पाना चाहता है। लेकिन उसके लिए संघर्ष करने से कतराता है। इंसान को जीवन में संघर्ष छोड़कर सारी चीजें चाहिए होती हैं।

आप दुनिया में जितने भी कामयाब लोगों को देखते होंगे उन्होंने पहले संघर्ष की लड़ाई जीती है तब कहीं जाकर उनको कामयाबी हाँसिल हुई।

बिना संघर्ष के कामयाबी मिलना असंभव है। कामयाबी की कीमत तो हम लोगों को अदा करनी ही होती है, तब जाकर कामयाबी हमारे

कदम चूमती है। संघर्ष में इंसान अकेला होता है और असफलता में पूरी दुनिया उसे तिरस्कृत करती है। दुनिया में तो ज्यादातर लोग संघर्ष करने से डरते हैं, घबराते हैं, कतराते हैं, इस प्रकार के मनुष्यों में कुछ परिवर्तन नज़र नहीं आएगा। किंतु जो संघर्ष से कभी डरते, घबराते, कतराते नहीं हैं, उन लोगों के जीवन में हमेशा अच्छा परिवर्तन होता है। संघर्ष कामयाबी की जड़ें हैं। आपकी जड़ें जितनी मजबूत होंगी, उतने ही आपकी कामयाबी के पत्ते हरे होंगे, किंतु आपके संघर्ष की जड़ें अगर मजबूत नहीं होंगी तो आपके कामयाबी के पत्ते कभी भी झड़ सकते हैं। इसलिए जीवन में संघर्ष करने से कभी न डरें। जीवन में संघर्ष की ओर अग्रसर रहें।

जीवन बदलने के लिए और जीवन में आगे बढ़ने के लिए संघर्ष करना जरूरी है। जिस तरह इंसान को जिंदा रहने के लिए साँसों की जरूरत होती है, उसी तरह संघर्ष करना भी जरूरी है और इससे आप मानसिक और शारीरिक तौर पर मजबूत भी बनते हैं। लेकिन लोग बहुत बार संघर्ष नहीं करते हैं क्योंकि उनको संघर्ष करना पसंद ही नहीं है। संघर्ष करते वक्त आप कुछ नई चीजें सीखते हैं।

संघर्ष का रास्ता पीड़ादायी होता है। कुछ लोग हार मानकर संघर्ष करना नहीं चाहते और न कोई संघर्ष करके के लिए आगे बढ़ना चाहता है। संघर्ष तो हर इंसान की जीवन में किसी-न-किसी रूप में आता जरूर है। जीवन में जिस इंसान के पास जितना ज्यादा संघर्ष होता है उतना ही वह कामयाब और सफल भी बनता है क्योंकि संघर्ष करने से ही इंसान मजबूत बनता है। आपके जीवन में जितना ज्यादा संघर्ष होगा उतना ही आप ज्यादा मजबूत बनते हैं। संघर्ष करने से आपके अंदर एक ताकत पैदा होती है। आप हमेशा एक चीज ध्यान में रखें कि संघर्ष करते वक्त आदमी अकेला होता है और जिस दिन आपको सफलता मिलती है और आप कामयाब होते हैं उस दिन पूरी दुनिया आपके पीछे होती है। भगवान उसी की मदद करते हैं जो स्वयं की मदद करता है। जीवन जीने के लिए सिर्फ दो रास्ते होते हैं। पहला रास्ता जो हो रहा है

उसे होने दो और सिर्फ देखते रहो या फिर दूसरा रास्ता जो हो रहा है उसे बदलने की कोशिश करो।

मैं यह आपको एक कहानी के माध्यम से समझाना चाहता हूँ कि संघर्ष क्यों जरूरी है और संघर्ष से क्या फर्क पड़ता है। अपने जीवन में आप सभी लोगों ने बाज़ का नाम सुना होगा। बाज को पक्षियों का राजा माना जाता है। जिस तरह कुदरत ने इंसान को 100 साल का जीवन दिया है उसी तरह बाज़ को कुदरत ने 70 साल का जीवन प्रदान किया है। लेकिन बाज़ को अपने पुनर्जन्म के लिए काफी पीड़ादायक संघर्ष करना पड़ता है। 40 साल तक आते-आते उसका शरीर थक जाता है। वह साँस नहीं ले पाता है। बाज़ एक ऐसा पक्षी है जो कि अपनी नज़र और हौंसले के लिए पूरी दुनिया में जाना जाता है लेकिन उसको 40 साल की उम्र में एक कठोर और पीड़ादायक फैसला लेना पड़ता है। अपने नए जीवन के लिए 40 साल की उम्र में उसका शरीर उसका साथ नहीं दता, मतलब उसके पंजे मुड़ने के कारण कमजोर हो जाते हैं, जिससे कि वह शिकार नहीं पकड़ पाता।

लंबी और तीखी चोंच भी आगे से मुड़ जाती है। उसकी वजह से उसे भोजन ग्रहण में दिक्कत का सामना करना पड़ता है। पंख मोटे हो जाने से भारी हो जाते हैं और उसकी छाती से चिपक जाते हैं, इससे उसे उड़ने में बहुत कठिनाई होती है जिसकी वजह से उन्हें उड़ान में तकलीफों का सामना करना पड़ता है। उस वक्त बाज़ के पास सिर्फ तीन रास्ते होते हैं। पहला रास्ता अपना शरीर त्याग दे और दूसरा रास्ता अपना जीवन गिद्ध की तरह जीए। तीसरा रास्ता अपना जीवन पुनर्स्थापित करे या नए जीवन को प्राप्त करने के लिए पीड़ादायक और दर्दनाक 150 दिन तक संघर्ष करे। पहला और दूसरा रास्ता सरल और अच्छा होता है और तीसरा रास्ता पीड़ादायक और संघर्षदायक होता है। जो पहला और दूसरा रास्ता अपनाता है उसको संघर्ष करने की जरूरत नहीं पड़ती लेकिन उसके जीवन में कुछ बदलाव भी नहीं आता है। उनके सामने तीन समस्याएँ होती हैं: भोजन ढूँढना, भोजन पकड़ना और भोजन खाना।

पहला और दूसरा रास्ता सरल और अच्छा होता है लेकिन तीसरा दर्दनाक और पीड़ादायक होता है। वह तीसरा रास्ता चुनकर अपना नया जीवन बनाने के लिए बाज़ बनकर एक ऊँची चट्टान पर जाता है और अपना घोंसला बनाकर वहाँ रहना शुरू कर देता है। सबसे पहले वह अपनी चोंच को चट्टान के ऊपर मार-मार कर तोड़ देता है बिना दर्द की परवाह करते हुए। फिर उसके बाद अपने पंजों को तोड़ता है। अपने पंखों को भी नोचकर फेंक देता है। यह दर्दभरी विधी लगभग 150 दिन, मतलब पाँच महीने तक चलती है। अगर आपको एक नए जीवन में आगे बढ़ना है या तरक्की करनी है, या अच्छा सफल कामयाब इंसान बनना है तो आपको जीवन में संघर्ष करना जरूरी है और संघर्ष ही एकमात्र ऐसा रास्ता है जो आपको आगे ले जा सकता है।

इसी तरह बाज़ अपने नए जीवन को बनाने के लिए 150 दिन यानि कि पाँच महीने संघर्ष करता है। पहले जैसा जीवन पाने के लिए वापस वह 30 साल पहले जैसा जीवन जीता है। सिर्फ 5 महीने 150 दिन का संघर्ष करने के बाद राजा जैसा जीवन। उसे जो खाना होता है वह खाता है। जहाँ घूमना होता है वहाँ घूमता है। अपने मन का मालिक बनता है। उसी तरह अच्छा जीवन पाने के लिए जीवन में संघर्ष करना भी जरूरी है। मेरे प्यारे दोस्त 150 दिन के संघर्ष को ध्यान में रखते हुए जीवन में आगे बढ़ने के लिए 40-5-70 का सूत्र ध्यान में रखें।

कामयाबी माँगती है बलिदान

जीवन में हमें कोई चीज अगर हाँसिल करनी होती है तो उस वक्त हमें उस चीज की कीमत अदा करनी पड़ती है। जिस तरह ये जिंदगी पहले माँगती है और फिर देती है उसी तरह जीवन में हमें कामयाब होना होगा। तब हमें कामयाबी की ओर सफलता की कीमत अदा करनी पड़ती है। कुछ पाने के लिए कुछ खोना पड़ता है, उसी तरह हमें अगर मंजिल पाना है तो हमें कुछ चीजों को त्यागना पड़ेगा। कुछ चीजों का बलिदान देना होगा। हमें कामयाबी के लिए, जान की बाजी लगानी पड़ेगी।

जीवन बदलने के लिए मौत का कफन बाँधकर घूमना पड़ता है। जीवन में बड़ा इंसान बनने के लिए जान को हथेली पर लेकर घूमना पड़ता है मेरे प्यारे दोस्त।

जितना बड़ा बलिदान आप दोगे उतनी ही कामयाबी आपके पास होगी। जितने आप बड़े लोग देखते हैं उन्होंने भी कामयाबी के लिए कुर्बानी दी है। जीवन में कामयाब होने के लिए आपको कुछ बुरी चीजों क्या त्याग करना पड़ता है।

जो इंसान कामयाबी पाने के लिए सबकुछ त्यागने के लिए हमेशा तैयार होता है उसके पास कामयाबी झक मारके पीछे-पीछे आती है और बिना त्याग कोई बदलाव नहीं हो सकता। इस दुनिया में ऐसे बहुत ही कम लोग हैं जो कि सफलता पाने के लिए सबकुछ त्यागने के लिए तैयार रहते हैं। कामयाबी पाने के लिए त्याग एक महत्त्वपूर्ण और जरूरी

हिस्सा है। जीवन में अच्छी चीजें पाने के लिए बुरी चीजों को त्यागना पड़ता है और छोड़ना पड़ता है।

कामयाबी पाने और अपनी जीवन को चार-चाँद लगाने के लिए या अपना जीवन महान बनाने के लिए आपको चैन की नींद त्यागनी होगी। आपको मौज-मस्ती छोड़नी होगी। आपको आरामदायक मतलब कम्फर्ट ज़ोन से निकलना होगा। आपको आपके घमंड को तोड़ना होगा। आपको अपने गुस्से के ऊपर काबू पाना होगा। आपको शराब, तंबाकू, गुटखा, धूम्रपान इन चीजों को त्यागना होगा। अच्छा जीवन जीने के लिए आपको इन सारी चीजों की कुर्बानी देनी होगी। आपको अगर आपने जीवन में प्रकाश चाहिए होगा तो सबसे पहले आपको अंधेरे को त्यागना होगा।

कुछ अच्छी चीज करते वक्त आपको बहुत मुश्किल महसूस होता है। जैसे कि ध्यान करना, योगा करना, प्राणायाम करना, कसरत करना, अच्छी पुस्तक पढ़ना और अच्छी विडिया देखना। तब आपको आपका दिमाग ये सारी चीजें करने से मना करता है क्योंकि आपको यह चीजें करते वक्त दर्द होता है, तकलीफ होती है। आपको मजा नहीं आता है लेकिन जीवन खूबसूरत बनाने के लिए हमें हमारा दिमाग जो चीजें नहीं करने के लिए कहता है हमें वही चीजें करनी चाहिए। जिन चीजों से समय, धन और मेहनत फालतू में व्यर्थ होते हैं, हमें उन चीजों को त्यागना होगा।

आज की इस दुनिया में जिन्होंने भी बड़ा मुकाम हाँसिल किया है उन्होंने कहीं-न-कहीं चीजों का बलिदान दिया है, त्याग किया है, क्योंकि उनको पता होता है कि जीवन बनाने के लिए जीवन में कई चीजें कुर्बान करनी पड़ती हैं।

जीवन में बड़ा आदमी बनना है तो हमें काम, क्रोध, लोभ, मोह, मत्सर, माया इन सारी चीजों की कुर्बानी या बलिदान देना होगा। बहुत से लोग जीवन में छोटी-छोटी बातों पर आराम करने लगते हैं और चैन से परिपूर्ण जीवन जीना चाहते हैं। जैसे थोड़ा-सा बुखार आने पर ऑफिस

से घर आ जाते हैं या कुछ छोटा-मोटा फेस्टिवल आने पर छुट्टी लेते हैं क्योंकि त्याग करना उनको पसंद नहीं होता है। इसलिए उन्हें आम आदमी कहा जाता है। लेकिन जो लोग खास होते हैं वह इस तरह छोटी-छोटी बातों पर छुट्टी नहीं लेते या आराम करने का नहीं सोचते। आम इंसान दिवाली, गुड़ीपाडवा, मकर संक्रांति, होली, नागपंचमी इस प्रकार के त्योहारों पर छुट्टी लेकर आराम करने की सोचते हैं। लेकिन उनको त्याग करना पसंद नहीं होता है।

आम इंसान कमाया हुआ सारा पैसा त्यौहार के उस एक दिन के अंदर ही खाने में और कपड़े लेने में बरबाद कर देते हैं और बाकी के दिन उनकी जेबें खाली होती हैं। लेकिन उन त्योहारों के दिन भी कुछ लोग काम करते हैं।

खास इंसान दिवाली के दिन भी काम कर, हर दिन दिवाली जैसा मनाता है क्योंकि वह आरामतलब रहना पसंद नहीं करता।

नीचे दिए गए लोगों ने कामयाबी पाने के लिए अपने जीवन में अथक परिश्रम किया है। दुनिया में जिन्होंने भी अपना जीवन खूबसूरत बनाया है। उन्होंने पहले अपने प्राणों की कुर्बानी दी होगी और अपना जीवन दाँव पर लगाया है।

1. हमारे भारत देश के बैडमिंटन स्वर्ण पदक विजेता पी.वी. सिंधु जिन्होंने कुछ महीनों तक फोन, इंटरनेट, वॉट्सऑप इन चीजों का बलिदान दिया। फोन, इंटरनेट और व्हाट्सएप आदि को इस सदी की चौथी जरूरत माना जाता है। इस युग में मोबाईल से पीछा छुड़ाना मुश्किल ही नहीं, नामुमकिन है। लेकिन कामयाब होने के लिए हमें कुछ चीजों की कुर्बानी देनी पड़ती है, जो कि पी.वी. सिंधु ने दिया।

2. सावित्री बाई फुले जिन्होंने जब लड़कियों को शिक्षा अपने घर में देना शुरू किया तब लोगों ने उनके ऊपर गोबर और, पत्थर

फेंके। उन्होंने इन चीजों को झेला और अपने आत्म-सम्मान का त्याग किया।

3. दुनिया के सबसे महान लोगों में से एक थे डॉ. बाबासाहेब अंबेडकर, जिन्होंने अपनी बीवी और बच्ची को छोड़कर समाज परिवर्तन में अपना योगदान दिया।

हम सोचते कुछ हैं, करते कुछ और हमें मिलता कुछ और है। यह सिर्फ इसलिए होता है कि लोगों को कुर्बानी देना, बलिदान देना या जीवन को बदलना पसंद नहीं है "चीजें हमको उलट-पलट होते हुए नजर आती हैं", दुनिया में ऐसे बहुत से लोग हैं जो कि सफलता पाने के लिए अपने सुख, समृद्धि, खुशी आनंद, परिवार इन सभी चीजों का त्याग कर देते हैं।

आप तीनों में से कौन हो?

पूरी दुनिया में तीन तरह के लोग होते हैं। पहला वर्ग जो कि अपना पूरा समय सोचने में लगाते हैं। वे सिर्फ यही सोचते हैं कि मैं दुनिया में सफल होऊँगा या मैं दुनिया में कामयाब होऊँगा। मैं दुनिया में आगे बढ़ूँगा। मैं दुनिया में नाम, पैसा, इज्जत, शोहरत, धन-दौलत कमाऊँगा, मैं अपने लिए कुछ अच्छा करूँगा, अपने परिवार के लिए कुछ अच्छा करूँगा, समाज के लिए गाँव के लिए, देश के लिए बहुत कुछ करूँगा यह सिर्फ सोचता है और कर कुछ भी नहीं पाता। वह सिर्फ यह सोचता है कि मुझे सफल होने के लिए क्या करना चाहिए और क्या नहीं करना चाहिए। वह सोचता है कि मैं अच्छा घर में रहूँगा, मैं पूरे विश्व में सफर करूँगा लेकिन करता नहीं है क्योंकि वह सिर्फ सोचने में अपना समय व्यतीत करता है।

अगर सिर्फ सोचने से सफलता मिलती तो दुनिया में हर एक इंसान सफल होता इसलिए सिर्फ सोचना जरूरी नहीं होता है।

सफलता के लिए, सिर्फ सफलता के बारे में सोचना यानि कि सफलता के भ्रम में रहना। हम सफल हो जाएँगे यह बात केवल सोचने से हम सफल नहीं हो सकते क्योंकि यह हमारा भ्रम है। इसलिए सच में हम सफल नहीं होते हैं।

दूसरा वर्ग होता है सिर्फ बातें करने वाला। यह वर्ग बहुत बातें करता है, लेकिन जितनी बातें करता है उसका दो गुना बताता या बोलता है

या फिर यह लोग सिर्फ बोलबच्चन में ही व्यस्त रहते हैं। इनको सिर्फ बोल-बच्चन नाम से पहचानते हैं या यूँ कहें कि इस प्रकार के व्यक्तियों की संज्ञा बोलबच्चन के नाम से दी जाती है।

सिर्फ सोचना और बातें करना इन दो चीजों से सफलता नहीं मिलती है। दुनिया का हर इंसान कामयाब और सफल होना चाहता है किंतु सफलता कीमत माँगती है। सफलता पहले कुर्बानी माँगती है। सोचना और बोलना इन दो क्रियाओं से परिणाम हॉसिल नहीं होते हैं। परिणाम के लिए कार्य करना जरूरी है। तब जाकर हमको परिणाम नजर आते हैं। यह वर्ग भी अपना पूरा समय बाते करने में बिता देता है।

दुनिया की नजर में न आपकी सोच मायने रखती है, न कि आपकी बोली हुई बातें। दुनिया सिर्फ अच्छे परिणाम को देखना पसंद करती है। मैं आपको एक उदाहरण से समझाना चाहता हूँ। एक इंसान यह सोचता है और दूसरा दुनिया को बताता है कि मैं अच्छी सेहत पाने के लिए सुबह जल्दी उठूँगा और जी-जान लगाकर कसरत, प्राणायाम, योगासन और ध्यान करूँगा। वह इस बात को सोचता भी है और दुनिया को बताता भी है, लेकिन जी-जान लगाकर न तो वह मेहनत करता है, न कसरत, न योगा, न प्राणायाम और न ध्यान करता है। वह सिर्फ सोचता है और बोलकर दुनिया को समझाता है। लेकिन इन दोनों चीजों से उसकी सेहत अच्छी नहीं बनती क्योंकि अच्छी सेहत पाने के लिए कार्य करना जरूरी होता है। लोग बातें बहुत ही अच्छे और दिलचस्पी से करते है, लेकिन दुनिया परिणाम पर खुश होती है।

तीसरा वर्ग जो कि सोचता है और बताता भी है और उसके साथ पूरी लगन से वह सारी चीजें करता भी है। यह वर्ग उनमें से नहीं है जो केवल सोचता है और बोलता है यह वर्ग कार्य करने में अपने पूर्ण समय का सदुपयोग करता है, इसकी वजह से वह अपनी जीवन में परिणाम चाहता है। यह वर्ग अच्छी सेहत पाना चाहता है। यह चीज वह दुनिया को भी बताता है और अपनी सेहत पाने के लिए जी-जान

लगाकर कसरत करता है, प्राणायाम-योगासन, ध्यान करता है और अच्छा खाना भी खाता है और बुरी चीजों को त्यागता है इसी कारणवश उसके जीवन में अनेकों परिणाम भी नजर आते हैं। उसको कोई बीमारी नहीं होती। आजीवन, हमेशा उत्साही, आत्मविश्वासी, तेजस्वी, बलवान और शक्तिशाली होता है। यह परिणाम देखकर दुनिया उसको सलाम करती है। यह वर्ग सोचने और बोलने पर सिर्फ 5% विश्वास रखते हैं लेकिन 95% अपने कार्य पर ध्यान केंद्रित करते हैं। सफलता के लिए परिणाम जरूरी है और परिणाम के लिए कार्य करना जरूरी है। इसलिए दुनिया में कामयाब होना चाहते हैं तो सोचने और बातें करने के साथ कार्य करना बहुत जरूरी है।

सिर्फ सोचने से और बातें करने से आपके जीवन में बदलाव नहीं आने वाला है, आपको कार्य करना जरूरी है।

सिर्फ बातों से और सोचने से अगर कोई सफलता हाँसिल करता तो दुनिया का हर इंसान कामयाब हो सकता है लेकिन नहीं हो पाता है। इसलिए जीवन में कामयाब होने के लिए सोचने के साथ-साथ आपको कार्य करना महत्त्वपूर्ण है।

पत्थर से भगवान तक का सफर

हर एक इंसान के जीवन में सुख, समृद्धि, आनंद, खुशी, धन, दौलत, ऐशो-आराम, नाम, इज्जत, शौहरत, प्यार उसी तरह दर्द, तकलीफ, नफरत, आँधी, तूफान, समस्या, मुश्किलें, दूरी और गम आता है। जिस तरह दिन है तो रात है, सुख है तो दु:ख है, खुशी है तो गम है, उदय है तो विनाश भी है, अच्छा है तो बुरा है, सकारात्मक है तो नकारात्मक है, हार है तो जीत है, जन्म है तो मृत्यु है, आरंभ है तो अंत है, सजीव है तो निर्जीव है, लेन है तो देन भी है, जैसे जवानी है वैसे बुढ़ापा है, छोटा है तो बड़ा है इस तरह दुनिया में हर एक चीज के दो पहलू हैं। यह सब चीज आप लोग समझते हैं, देखते हैं, सुनते भी हैं, लेकिन दुनिया में एक चीज की असलियत मैं आपको बताना चाहता हूँ कि दुनिया में हर एक इंसान सुख को अपनाना चाहता है, दु:ख को नहीं। दुनिया में इंसान जन्म लेना चाहता हैं लेकिन मरना नहीं चाहता है। दुनिया में हर इंसान को खुशी चाहिए लेकिन गम नहीं चाहिए। दुनिया में हर एक इंसान को सुख-समृद्धि, खुशी, आनंद, मौज-मस्ती चाहिए। सिर्फ अच्छी-अच्छी चीजें अपनाना चाहते हैं। दुनिया में बहुत से लोग ऐसे होते हैं जिनको दर्द, तकलीफें, गम, डर, समस्या, मुश्किलें, बुराईयाँ, नफरतें यह सारी चीजें उनको अपने जीवन में नहीं चाहिए होती हैं।

लेकिन दुनिया में आपको अपना जीवन खूबसूरत बनाना होगा। आपको यह सारी नकारात्मक स्थितियों का सामना भी करना पड़ेगा।

तब जाकर आप जीवन में आगे बढ़ सकते हैं। तब जाकर आप जीवन में कामयाब हो सकते हैं। जीवन में आपकी जितनी ज्यादा सहनशीलता होगी उतने आप कामयाब और एक सफल इंसान जाने जा सकोगे और आप जब भी कुछ नया करने की सोचोगे या कुछ नया करोगे तो उस वक्त दुनिया आपको तिरस्कृत करेगी और आपको अनुत्प्रेरित करेगी। लेकिन आपको यह सारी चीजें बर्दाश्त करनी होगी, झेलनी पड़ेगी। आप जीवन में कुछ नया करने का या अपनी कामयाबी के रास्ते पर चलते वक्त दुनिया आपका उपहास करने के लिए आपका कोई नकारात्मक नामकरण करेगी। आपके सामने तकलीफ पैदा करेगी, आपको मुश्किलों में डालेगी। आपके सामने समस्या खड़ी करेगी। आपको बदनाम करेगी, आपको डराएगी, आपको गालियाँ देगी। आप कैसे असफल हो सकते हो, आप कैसे हार सकते हो, आप किस तरह नाकाम हो सकते हो, आपकी असफलता के लिए क्या-क्या चीजें जरूरी हैं, यह सारी चीजें दुनिया करने वाली ताकि आप सफलता पाने के अपने मार्ग से दिशाभ्रमित हो जाएँ।

लेकिन अगर आपने यह सारी चीजों को झेलने से या सहने से मना कर दिया तो आप जीवन में कभी भी सफलता प्राप्त नहीं कर सकते। आपकी हार निश्चित है। लेकिन आपने अगर इन सभी चीजों को बर्दाश्त कर लिया तो आपको सफल होने से कोई भी बाधा नहीं रोक सकती है। दुनिया की कोई ताकत आपको नीचा नहीं कर सकती है। सफलता प्राप्त करने के लिए हर व्यक्ति-विशेष को जीत पसंद होती है। उनको हार का सदमा बर्दाश्त करना मुश्किल होता है। लेकिन आप दुनिया में जितने भी कामयाब और सफल लोग देखेंगे उनमें सहनशीलता और बर्दाश्त करने की ताकत होती है। जब भी आप किसी काम में असफल होंगे तो उस वक्त दुनिया आपको चैन से बैठने नहीं देगी। आपके लिए बहुत मुश्किलें पैदा करेगी, लेकिन आपको यह सभी चीजें बर्दाश्त करनी पड़ेगी। यह सभी चीजें आपको सहनी पड़ेंगी और अगर आपको आम इंसान से खास इंसान बनना है तो आपको अपनी सहनशीलता की शक्ति

को बढ़ाना होगा। आपको असफलता से सफलता तक का सफर करना है तो आपको सहनशील होना बहुत जरूरी है।

नाकामयाबी से कामयाबी तक का सफर बहुत सहनशीलता का होता है। असफलता से सफलता तक का सफर और आम आदमी से लेकर खास आदमी तक का सफर बहुत ही सहनशीलता का होता है, आपको बहुत चीजों को सहन करना पड़ता है। बहुत चीजों को झेलना पड़ता है।

नाकामयाबी से कामयाबी तक आपको सहनशीलता की बहुत जरूरत होती है। अब मैं आपको एक राह की एक घटना का उदाहरण देकर एक कहानी प्रस्तुत करता हूँ और उसके माध्यम से आपको एक संदेश देता हूँ।

मैंने राह चलते-चलते दो खूबसूरत पत्थर उठाए, उन दोनों पत्थरों को एक ही सवाल पूछा आपको भगवान का रूप चाहिए। जहाँ पर पूरी दुनिया अपना सर झुकाती है, जहाँ हर इंसान अपना माथा टेकती है, क्या आपको इस गंदे रोड़ से एक बढ़िया मंदिर का स्थान प्राप्त करना है? क्या आपको कामयाब होना है, सफल होना है, जीवन में आगे बढ़ना है? तो दोनों ने हस्ते-हस्ते जवाब दिया, हाँ सर, हमको जीवन में भगवान का रूप धारण करना है। एक आम पत्थर से एक खास भगवान की मूरत बनना है। जहाँ पर दुनिया का हर एक इंसान अपना सर झुकाता है। उन्होंने कहा कि हमें आगे बढ़ना है, हमें अपने जीवन में चार-चाँद लगाने हैं तो फिर मैंने एक हथौड़ा और छैनी ली और दोनों पत्थरों के ऊपर अपना काम शुरू किया। मैंने बहुत जोर से मारना शुरू किया। दोनों पत्थरों से आवाज आने लगी। दोनों जोर-जोर से रोने लगे। दोनो जोर से चिल्लाने लगे। फिर भी मैंने अपना काम रोका नहीं। मैं जोर से हथौड़ा और छैनी ठोकने लगा और उनका जो हिस्सा जरूरी नहीं है वह छैनी और हथौड़े से निकालने लगा। इस दौरान दोनों को बहुत खतरनाक दर्द, तकलीफ, मुसीबत का सामना करना पड़ रहा था। लेकिन मैं इसकी परवाह किए बगैर अपना काम जारी रखा। लेकिन अब उन दोनों को

हथौड़ा और छैनी से डर लगने लगा। वह दोनों पत्थर छैनी और हथौड़ा से थोड़े बहुत डरने लगे, घबराने लगे, कतराने लगे, फिर भी मैंने अपना काम नहीं रोका और मैं जोर-जोर से पूरी ताकत से उनके ऊपर में घाव डालता रहा। मैं भी थक रहा था लेकिन मुझे उनको भगवान का रूप देना था। इसकी वजह से मैंने उनके ऊपर काम जारी रखा। लेकिन अब दर्द की हद पार हो चुकी थी और दोनों पत्थरों में से मुझे एक ने आखिर बोल ही दिया कि बस करो, बस करो सर, बस करो साहब।

मेरी दर्द, तकलीफ, गम, डर, मुश्किलें, समस्या, बर्दाश्त करने की हद खत्म हो गई। अब इससे ज्यादा दर्द तकलीफ मैं नहीं झेल सकता। मैं उस पत्थर की दर्द भरी जुबानी सुनकर रोने लग गया और मैंने उसको उठाकर बाजु में रख दिया और उसी वक्त दूसरा पत्थर मुझे बोला, सरजी आप अपना काम जारी रखो क्योंकि मुझे जीवन में कामयाब होना है, आगे बढ़ना है। यह बातें सुनकर मैं उसको छैनी और हथौड़े से मारने लगा। वह पत्थर भी रो रहा था और मुस्कुरा भी रहा था और वह पत्थर मुझसे चिल्लाकर बोला, सर और जोर से मुझे ठोको, मारो, तोड़ो, फोड़ो। मुझे कोई डर नहीं लगता। मैं आपकी यह सारी चीजें बर्दाश्त करूँगा, झेलूँगा क्योंकि मुझे भगवान बनना है। आप में जितनी ताकत है उससे दस गुना ज्यादा शक्ति लगाकर मुझे छैनी और हथौड़े से मारो, ठोको मैं बर्दाश्त करूँगा, मैं झेलूँगा क्योंकि मुझे दुनिया पर राज करना है और मेरा काम खत्म होते ही मैंने देखा कि वह पत्थर एक भगवान का रूप धारण करके मेरे सामने खड़ा था और आगे चलकर वह पत्थर भगवान की मूरत बनकर मंदिर में विराजमान था और उसी मंदिर के नीचे पहला पत्थर (चौखट) पायदान बनकर नीचे पड़ा हुआ था, जहाँ पर पूरी दुनिया गंदी चप्पल, जूते उतार रही थी।

तो दोनो में बातें शुरू हुई तो चौखट वाले पत्थर ने पूछा कि आप भगवान की मूरत बन गए और मैं पायदान। देखा जाए तो हम दोनों पत्थर एक ही रास्ते से उठाए गए थे। हम दोनों एक ही औजार से निर्मित हैं। काम की जगह भी समान थी। काम करने वाला इंसान भी समान था।

लेकिन आपमें और मुझमें इतना जमीन आसमान का फर्क क्यों? तो दूसरे पत्थर ने जवाब दिया, जीवन बदलने के लिए तुम्हारी बर्दाश्त करने की ताकत जहाँ खत्म हुई थी वहाँ से मेरी सहनशीलता शुरू हुई थी। इसकी वजह से मैं भगवान बना और तू एक पत्थर (पादयाद) ही रह गया

इसलिए दुनिया में आगे बढ़ना है तो बर्दाश्त करना सीखो, झेलना सीखो, सहना सीखो। तभी आप कामयाब हो सकते हैं।

101 सफल आदातों के बादशाह

सफल आदतों के बादशाह

बहुत से लोग आदतों के गुलाम होते हैं लेकिन अब हम आदतों के बादशाह कैसे बन सकते हैं यह सीखने वाले हैं। कामयाब होने के लिए आदतों के बादशाह कैसे हो सकते हैं।

सफल लोगों की आदतों को अपने जीवन में उपयोग करना चाहिए और ऐसी किसी भी बुरी आदत को अपने जीवन में न लाएँ जिससे आपका संपूर्ण जीवन दुविधा में पड़ जाए और आप संकट में आ जाएँ।

मेरे हिसाब से जीवन में कामयाब होने के लिए दुनिया की सबसे अच्छी आदत और पहली आदत यह है कि अपनी सारी बुरी आदतों को छोड़ दें।

दुनिया में बहुत से लोग सफल तो होना चाहते हैं लेकिन वह भी बुरी आदतों के साथ लेकिन बुरी आदतों के साथ सफल होना इस जन्म में नामुमकिन है। सफल लोग और असफल या कामयाब लोग नाकामयाब लोग इनकी जीवन में सिर्फ आदतों की वजह से फर्क दिखाई देता है। जिनकी आदतें अच्छी हैं उन लोगों का जीवन खूबसूरत है और वही लोग जीवन में कामयाब भी हैं। जिनकी आदतें बुरी हैं उनको संपूर्ण जीवन खराब है और इस प्रकार के लोग सफल हैं। इसी को आदतों का फर्क कहते हैं। इसलिए जीवन में अच्छी आदत अपनाएँ और जीवन में चार-चाँद लगाएँ।

बुरी आदतें हमारा भविष्य खराब, बर्बाद और असफल बना सकती हैं। इसलिए आप ही आपके जीवन के रचयिता हैं।

लेकिन मैं आपसे यह बात दावे के साथ कह सकता हूँ कि सफल लोगों की सफल आदतें अपनाकर आप जीवन में कामयाब हो सकते हैं। लेकिन यह भी बताना चाहता हूँ कि यही आदतें अपनाते वक्त आपको बहुत सारा दर्द, तकलीफ, डर, तूफान, आँधी, त्सुनामी इस प्रकार की बराबर समस्या से गुजरना पड़ सकता है। लेकिन आपने इनका सामना कर लिया तो आपके जीवन में चार-चाँद लग जाएँगे। सफल, कामयाब और खूबसूरत जीवन बनाने के लिए कुछ सफल आदतें बता रहा हूँ।

आदतें अपनाते वक्त मौज-मस्ती, खुशी, आनंद लगता है किंतु हमारा संपूर्ण जीवन नष्ट होता है, इसलिए मैं कहता हूँ:

आरंभी गोड, परिणामी कडू

शुरुआत में दर्दनाक लेकिन आखिर में सुखकारक।
शुरुआत में सूखकर लेकिन आखिर में दर्दनाक।

कामयाब लोग कामयाबी के लिए उसके अनुकूल आदतें जान-बूझकर डालते हैं और नाकामयाब लोग खुद में असफलता के लिए जान-बूझकर नाकामयाबी की आदतें डालते हैं। क्योंकि कोई भी अच्छी चीज हमको सोच-समझकर करनी पड़ती है और बुरी चीज करते वक्त हम ज्यादा सोचते नहीं हैं। लेकिन यह गलत चीज है। हमको खुद से एक सवाल हमेशा पूछना चाहिए या जीवन में जिस इंसान को कामयाब होना है उस इंसान को खुद से एक सवाल अवश्य पूछना चाहिए। कि अगर मैंने यह अच्छी आदत अपना ली तो मेरे साथ क्या-क्या अच्छा हो सकता है? और अगर मुझे यह बुरी आदत लग गई तो मेरे साथ क्या-क्या बुरा हो सकता है? मेरे खयाल से आपको सिर्फ अच्छी आदतें ही लग सकती हैं क्योंकि हमारे जीवन में कुछ भी बुरी चीजें नहीं होनी चाहिए।

हम अच्छी आदतें अपनाकर हमारा भविष्य अच्छा बना सकते हैं और सफल हो सकते हैं और कुदरत की दी हुई सौ साल का जीवन सुखद रूप से पूर्ण जी सकते हैं। देखा आपने, बुरी आदतों का बुरा परिणाम और अच्छी आदतों का अच्छा परिणाम। इसलिए अच्छी आदतों को आपनाएँ। खूबसूरत जीवन कामयाबी का सूत्र है। हाँ, लेकिन आपको यहाँ पर एक चीज ध्यान में रखनी होगी। अच्छी आदतें अपनाना बहुत मुश्किल होगा, लेकिन उनके साथ जीवन जीना आसान होगा। बुरी आदतें अपनाना आपको बहुत आसान लगेगा लेकिन उनके साथ जीवन व्यतीत करना बहुत मुश्किल होगा क्योंकि आपको एक बात समझनी होगी कि अच्छी आदत अपनाते वक्त हमको बहुत दर्द होता है। इसलिए इसकी वजह से हम अच्छी आदतों को अपनाते नहीं हैं, लेकिन अगर हमने दर्द, तकलीफ, डर इनके ऊपर जीत हाँसिल कर ली तो हमारा पूरा जीवन सुख, समृद्धि, ऐषो-आराम से भरा होगा और इसके बिल्कुल विपरीत बुरी आदत अपनानी नहीं पड़ती, वो तो अपने आप लग जाती है और उस वक्त हमको खुशी, आनंद, मौज-मस्ती का अनुभव होता है। लेकिन आने वाले समय में हम अपने जीवन को खुद की आँखों से बर्बाद होते हुए देखते हैं।

आदत क्या है?

जीवन में हम जो बार-बार करते हैं, चाहे वह अच्छा हो या बुरा वह हमारी आदत बन जाती है। अगर हम कोई बुरी चीज बार-बार करते हैं तो वह हमारी बुरी आदत बन जाती है और उसके परिणामस्वरूप हमारा जीवन मुश्किल हो जाता है। समझ लें कि समय पर खाना न खाना, समय पर न सोना, बाहर का खाना खाना, पानी कम पीना, रात को जागना, धूम्रपान करना, शराब पीना, सिगरेट पीना, तम्बाकू खाना यह सेहत से संबंधित कुछ बुरी आदतें हैं। इन आदतों के परिणामस्वरूप हमारी सेहत, बीमारियों से सदैव घिरी हुई रहेगी। हम छोटी-छोटी चीजों से बार-बार बीमार होंगे, हमारे शरीर के कुछ अंग कम काम करने लगेंगे या अच्छे से काम नहीं करेंगे। हमारा शरीर लम्बे समय तक हमारा साथ

नहीं देगा। हमारे शरीर में जितनी ताकत चाहिए उतनी ताकत नहीं रहेगी। हमारा शरीर हमेशा थका हुआ रहेगा। इसकी वजह से हम कोई भी काम दिलचस्पी से नहीं कर सकते। इसलिए मैं कहता हूँ कि बुरी आदत का परिणाम बुरा ही होता है और सही मानें तो वक्त पर खाना, वक्त पर सोना, अच्छी चीजें खाना, पानी बहुत पीना, रात को जल्दी सोना और सुबह जल्दी जागना, किसी भी तरह की बुरी वासना न करना, हर दिन कसरत करना, फल खाना, योगा, प्राणायाम, ध्यान करना यह सेहत से संबंधित कुछ अच्छी आदतें हैं।

मैं आपको जीवन में कामयाब और अपनी खुद की हैसियत बढ़ाने के लिए मेरे हिसाब से कुछ 101 सफल आदतें बताता हूँ जिसको आप अमल में लाकर जीवन में आगे बढ़ सकते हैं:

1. सुबह चार और पाँच के बीच में जागना।

2. आज का दिन देखने का मौका मिला इसलिए भगवान का शुक्रिया अदा करना।

3. एक घंटा अच्छी पुस्तक पढ़ना, वीडियो देखना और ऑडियो सुनना।

4. एक घंटा कसरत करना, प्राणायाम, योगा और ध्यान।

5. जीवन में हमेशा जागृत रहना।

6. समय पर काम करना।

7. दिमाग शांत और दिल पवित्र रखना।

8. पैसों का सही इस्तेमाल करना।

9. हमेशा खुश रहना।

10. खुद पर भरोसा रखना।

11. हमेशा अच्छा सकारात्मक सोचना।

12. हमेशा खुद से और औरों से सच बोलना।

13. डर के ऊपर जीत हाँसिल करना।

14. हर दिन आलस का त्याग।

15. हमेशा कम बोलना लेकिन महत्त्वपूर्ण बोलना।

16. अपनी तकलीफ की दास्तान किसी को नहीं बताना।

17. गुस्सा नहीं करना।

18. किया हुआ वादा निभाना।

19. भावनाओं के अधीन न होना।

20. अच्छा खाना खाना और बहुत पानी पीना।

21. आपनी इंद्रियों पर विजय पाना।

22. ईमानदार रहना।

23. समय और पैसा सही इस्तेमाल करना।

24. प्रत्येक काम को प्यार और मोहब्बत से करना।

25. हमेशा वास्तविकता से सोचना।

26. गलत लोगों के साथ नहीं रहना।

27. उम्मीद खुद से रखना, औरों से नहीं।

28. मदद करना।

29. हमेशा दिल की सुनना, किंतु दिमाग का नहीं

30. खुद को अच्छा समझना।

31. पहले समझना, फिर बाद में समझाना।

32. जो करना है वह अभी करना।

33. छोटे-बड़ों का मान-सम्मान करना।

34. दूसरों की प्रशंसा करना।

35. कोई भी काम का अंत देखकर शुरुआत करना।

36. कामयाब लोगों की बातें सदैव सीखते रहना।

37. हमेशा नियोजन पर ध्यान देना।

38. खुद की कमजोरी पहचानना।

39. दूसरे से खुद की तुलना कभी न करें।

40. हमेशा चेहरे पर मुस्कुराहट रखना।

41. हिम्मत न हारना।

42. 99% समस्या के समाधान के ऊपर ध्यान देना।

43. खुद को बदलना।

44. मेहनत से नहीं कतराना।

45. सबसे पहले सेहत को प्राधान्यता देना।

46. दुनियादारी के पीछे नहीं भागते खुद के पीछे भागना।

47. हर दिन कुछ-न-कुछ अच्छा लिखना, अच्छा लिखने की आदत।

48. अनुशासन की आदत।

49. रिस्क लेने की आदत।

50. रात को सोने के पहले अगले दिन का प्लान करना।

51. समाजिक कार्य करना (जरूरतमंदों को मदद करना)।

52. हमेशा कृतज्ञ बने रहें।

53. हर काम एकाग्रता से करना।

54. सदैव नियमित रहना।

55. मोबाईल और टी.वी. इनका महत्त्वपूर्ण काम के अलावा ज्यादा इस्तेमाल न करना। मोबाईल और टी.वी. का जरूरत से ज्यादा इस्तेमाल न करना।

56. सफल लोग हमेशा दूसरों के लिए और खुद कामयाब होने के लिए प्रार्थना करते हैं।

57. औरों से घृणा और जलन नहीं रखना।

58. मुश्किल से कभी नहीं डरना।

59. कोई भी काम समय के पहले खत्म करना।

60. अच्छे कपड़े पहनना।

61. खाने के पहले हाथ धोना।

62. खाना चबाकर खाना।

63. अपनी गलती स्वीकार करना।

64. हमेशा क्षमा माँगना और हमेशा दूसरों को माफ करना।

65. हमेशा दूसरों को सुख देना।

66. सुबह माँ-बाप को प्रणाम करना।

67. अपने परिवार के बारे में कभी नकारात्मक चीजें नहीं बताना।

68. दूसरों के समय का महत्त्व समझना और उसका सम्मान करना।

69. खुद की कीमत समझना।

70. अपने व्यवसाय का आदर करना।

71. खुद की और घर की साफ-सफाई पर ध्यान देना।

72. सार्वजनिक जगह की सफाई पर ध्यान देना और किसी भी जगह कचरा नहीं फैलाना।

73. हफ्ते में एक बार व्रत अवश्य रखना।

74. गुरु का मान-सम्मान करना।

75. कामयाब होने के लिए क्या करना चाहिए - यह सवाल हर दिन खुद से पूछना।

76. अवसरों को समझना।

77. सफलता की आग सीने में लगाकर रखना।

78. कभी बहाने नहीं बताना।

79. संघर्ष करने के लिए हमेशा तैयार रहना।

80. अन्याय और अत्याचार के खिलाफ आवाज उठाना।

81. खुद के लिए नियम बनाकर उसके हिसाब से जीवन जीना।

82. हमारे माँ-बाप को हमेशा खुश रखना।

83. सफल लोगों की तरह औरों को सफल बनाने में मदद करना।

84. मुश्किल काम पहले करना और आसान काम बाद में।

85. हमेशा वर्तमान में जीना।

86. जोश के साथ होश में रहना।

87. भविष्य की चिंता नहीं करना।

88. भूतकाल की नकारात्मक बातों को भूल जाना

89. जीवन का एक लक्ष्य बनाना तथा उसके लिए सदैव प्रयत्नरत रहना।

90. औरों को प्रेरित करते रहना।

91. हमेशा धन्यवाद बोलना किसी भी प्रकार की मदद प्राप्त होने के पश्चात।

92. साथ में सहायता प्रदान करके अपना काम करवाना।

93. समय-समय पर नाखुन काटते रहना।

94. समय-समय पर बालों को ठीक रखना।

95. समय-समय पर हजामद बनाते रहना।

96. शूज को पॉलिश करना।

97. अपने कौशल बढ़ाने के लिए तैयार रहना।

98. महापुरुषों का आदर करते रहना।

99. उनके विचार खुद के आचरण में लाना।

100. शराब, धूम्रपान या नशीली चीजों का सेवन नहीं करना।

101. कोई भी काम को समय के पहले खत्म करना चाहिए।

कामयाबी पाने के लिए अपने हिसाब से 101 आदतों को अपनाकर उनका 100 दिन का पालन करो फिर आप आपके जीवन में चमत्कार देख पाएँगे।

कोई भी अच्छी या बुरी आदत को अपनाने के लिए लगते हैं सिर्फ 10 मिनट और 24 घंटे

हर एक इंसान इस दुनिया में कोई-न-कोई बुरी आदत छोड़ना चाहता है या कोई-न-कोई अच्छी आदत अपनाना चाहता है। लेकिन अनेकों प्रयास के बाद भी न कोई बुरी आदत छोड़ सकता है न कोई अच्छी आदत अपना सकता है लेकिन जीवन में कामयाब होने के लिए कुछ बुरी आदतें छोड़नी पड़ती हैं।

जब हम बुरी आदतें छोड़ेंगे और नई और अच्छी आदतें अपनाएँगे, तभी हम जीवन में कामयाब हो सकते हैं और हम अपने क्षेत्र में माहिर बन सकते हैं।

खुद को काबिल बनाने के लिए, खुद की क्षमता बढ़ाने के लिए कुछ अच्छी आदतें अपनानी पड़ती हैं और बुरी आदतों से छुटकारा पाना पड़ता है। अच्छी आदत अपनाने के लिए बहुत मेहनत और समय लगता है। दृढ़ इच्छा शक्ति लगती है, मन पर नियंत्रण रखना पड़ता है, लेकिन बुरी आदत को अपनाना नहीं पड़ता। वह तो खुद ही लग जाती हैं। बुरी आदत लगने में ज्यादा समय नहीं लगता और कोई मेहनत नहीं लगती। अच्छी आदत लगाना नामुमकिन और मुश्किल होता है, लेकिन उस आदत के साथ जीवन गुजारना आसान होता है या उस अच्छी आदत की वजह से

जीवन जीना आसान हो जाता है। लेकिन अच्छी आदत लगाना जितना मुश्किल है, उतना आसान भी है। आपको नीचे दिए गए कुछ अच्छी आदत अपनाना या छोड़ना चाहते हैं तो मैं आपको 10 मिनट और 24 घंटे का सूत्र बताना चाहता हूँ:

1. सुहब जल्दी उठना (4.00 – 5.00)

2. हर दिन एक अच्छी पुस्तक पढ़ना

3. ध्यान करना

4. कसरत करना

5. शराब छोड़ना

6. धूम्रपान छोड़ना

7. फालतू दोस्तों को छोड़ना

8. मोबाईल, इंटरनेट, वॉट्सऑप, गेम या कोई भी चीज जिससे आप पीछा छुड़ाना चाहते हैं

या आपको जो अच्छी आदत अपनानी है या बुरी आदत छोड़नी है, यह आपके ऊपर निर्भर करता है।

सबसे पहले मैं आपको एक चीज बताना चाहता हूँ कि अपना शरीर और मन किसी भी प्रकार का दर्द और तकलीफ ज्यादा देर तक बर्दाश्त नहीं कह सकता, कोई भी तकलीफ ज्यादा समय तक झेल नहीं सकता है और कोई भी दर्द हद से ज्यादा सह नहीं सकता है। इसलिए हमें पता करना चाहिए कि हमें सबसे ज्यादा तकलीफ किस बात से होती है या सबसे ज्यादा शक्ति कौन सी चीज में है या कौन सी चीज से आपका दिल और बदन बेचैनी जैसा हो जाता है। वह चीज आपको 24 घंटे तक करनी होगी या 24 घंटे तक आपको उस चीज को बर्दाश्त करना पड़ेगा। मान लीजिए कि मिसाल के तौर पर आपसे भूखा नहीं रहा जाता है या हर दिन आप किसी एक दोस्त से मिले बिना रह नहीं सकते हैं या हर दिन टी.वी. पर कोई शो देखे बिना आप सोते नहीं हैं

या आप किसी चीज के बिना एक पल भी नहीं रह सकते। उस चीज के बिना रहने की आदत डालिए जैसे कि मोबाईल, दोस्त, टी.वी. या कोई रिश्तेदार।

अगर आप एक दिन मिसाल के तौर पर कोई ऐसा कार्य कर लें जैसे अपनी बीवी के कपड़े धोना या पूरे घर की सफाई करना या अपने बाजू वाले या पड़ोसी के बर्तन धोना या पड़ोसी के कपड़े धोना या पड़ोसी के घर की सफाई करना या पड़ोसी के आँगन में झाड़ू मारना या अपने दोस्त के घर की सफाई करना, बर्तन धोना, कपड़े धोना या उनके जूते की पॉलिश करके लाना या उनकी गाड़ी धोना या अपने ऑफिस में सभी लोगों को पार्टी देना या अपने बॉस की असिस्टेंट या अपने गाँव में वॉचमैन बनना। मैं दावे के साथ कहता हूँ कि इन कामों में से कुछ भी करने के बाद आप अगले दिन से उस काम को नियमित तरीके से बिल्कुल भी नहीं करना चाहेंगे।

अगर आपको जीवन में कोई भी आदत अपनानी है या छोड़नी हैं तो सबसे पहले खुद से सवाल पूछें कि यह आदत मुझे क्यों अपनानी है (अच्छी आदत) या मुझे यह बुरी आदत क्यों छोड़नी है। यह सवाल खुद से पूछना चाहिए। उस आदत के फायदे और नुकसान क्या हैं यह सोचना जरूरी है।

दूसरी चीज करने के पहले आपको पहली चीज करना बहुत जरूरी है। पहली चीज यह है कि आपको 10 मिनट में कल्पना करना पड़ेगा। और उस आदत को अपनाने के लाभ और हानि के बारे में गहन विचार करना पड़ेगा।

आपको जो आदत अपनानी है या जो आदत छोड़नी है उसका आपको सोने से पहले 10 मिनट की कल्पना करनी होगी। अगर आपको कोई अच्छी आदत अपनानी है तो उस आदत की आपको 10 मिनट तक इस तरह कल्पना करनी होगी कि वह आदत आपको लग गई है और दुनिया के जितने भी लोग कामयाब हैं उनमें यह आदत है। आपको रात को सोने

से पहले 10 मिनट यह कल्पना करनी है कि वह आदत आपको लग चुकी है और आपने वह अच्छी आदत अपना डाली है और आप उस अच्छी आदत के साथ जीवन बिता रहे हो और यह आदत जाने-अनजाने में नहीं लगती हैं। अगर इन आदतों को अपनाने में मुश्किल हो रही हो तो कल्पना करें कि जिस चीज से आपको ज्यादा दर्द और तकलीफ होती है वह चीज आपको 24 घंटे के लिए बर्दाश्त करनी पड़ेगी। इस तरह आपको उस 24 घंटे होने वाले दर्द और तकलीफ की कल्पना 10 मिनट के लिए करनी होगी। मिसाल के तौर पर मैं आपको मेरी अच्छी आदतों से समझाना चाहता हूँ।

मुझे सुबह 4 बजे उठने की आदत डालनी थी। लेकिन लाख कोशिश करने के बाद भी मैं सुबह चार बजे नहीं उठ पाता था। लेकिन मैंने खुद इस सूत्र की खोज की और खुद के ऊपर लागू किया। यह सूत्र मेरा खुद का बनाया हुआ है। मैंने खुद इसकी खोज की है। मैंने 24 घंटे किसी काम को लगातार करने की अपने मन में 10 मिनट कि लिए कल्पना की और बुरी आदत को छोड़ दिया।

सबसे पहले मैंने रात को सोने से पहले 10 मिनट किस तरह से कल्पना की वह बताता हूँ। आँख बंद करके सोचने लगा कि इस दुनिया में जितने भी सफल लोग हुए, जितने भी कामयाब बने, जितने भी लोगों ने अपना जीवन खूबसूरत बनाया है, जितने भी लोगों ने अपने जीवन को चार-चाँद लगाए, जिन्होंने भी खुद कंपनी डाली, खूद का ब्रैंड बनाया, खुद की पहचान बनाई, खुद का नाम कमाया, पैसा कमाया, खुद की इज्जत कमाई, खुद के दम पर कामयाब बने।

उसमें सचिन तेंडुलकर, अक्षय कुमार, नारायण मूर्ति, जाकिर हुसैन, लता मंगेशकर, अमिताभ बच्चन या किसी भी सफल। हर सफल इंसान सुबह जल्दी जगता है। जिस इंसान को जीवन में कामयाब और सफल बनना है वह भी सुबह जल्दी जगता है और उसका शरीर सुबह शांत और ऊर्जावान रहता है प्रसन्नता, आनंद और सकारात्मकता से परिपूर्ण

रहता है और उसको अपनी दिनचर्या के लिए पर्याप्त समय मिलता है। बाकी लोगों से तो हम दो कदम आगे रहते हैं अगर ऊपर बताई हुई क्रिया करते हैं।

जिस वक्त हम जगकर कुछ-न-कुछ अच्छा काम कर रहे होते हैं उस वक्त हम बाकी लोगों से दो कदम आगे रहते हैं और सुबह के समय हमारा दिमाग शांत रहता है और ऊर्जावान रहता है। इसलिए हम जो कुछ भी पढ़ते हैं या लिखते हैं या सुनते हैं या देखते हैं, वह जीवन भर याद रहता है। मुझे भी जीवन में कामयाब होना है, जीवन में आगे बढ़ना है या जीवन खूबसूरत बनाना है तो मैं सुबह 4 बजे उठूँगा और सुबह 4 बजे जगकर मैं एक घंटा अच्छी पुस्तक पढ़ूँगा और एक घंटा कसरत करूँगा और मेरे लिए जो जरूरी और महत्त्वपूर्ण चीजें हैं उन सबकी मैं रात को दस मिनट सोने से पहले कल्पना करता था।

मुझसे सबकुछ बर्दाश्त होता था लेकिन भूख सहन नहीं होती थी। क्योंकि हर दिन एक घंटा कसरत करता था, मैं सब चीज बर्दाश्त कर सकता था लेकिन मेरे से भूखा नहीं रहा जाता था। मैं खाने का बहुत शौकीन था, मुझे नई-नई चीजें बनाकर खाना पसंद था और नई चीजों का स्वाद लेना मुझे अच्छा लगता था। लेकिन किसी भी हाल में भूखा नहीं रह सकता था।

भूखा रहने का दर्द और तकलीफ मैं बर्दाश्त नहीं कर सकता। मैं ज्यादा समय तक भूखा नहीं रह सकता था और भूखा रहने से मुझे थकान होती थी। और मेरा दिल और बदन बेचैनी महसूस करता था। मेरा दिल किसी काम में नहीं लगता था और मैं पूरा दिन दुविधापूर्ण रहता था। इसके वजह से मैं सुबह 4 बजे उठता था।

सुबह 4 बजे उठने के वक्त मुझे जो दर्द, तकलीफ होती थी यह उससे 10 गुना ज्यादा दर्द और तकलीफ मुझे 24 घंटे भूखा रहने से होती थी। इसलिए सुहब 4 बजे जगना मुझे आसान लगता था क्योंकि मेरे लिए 24 घंटे भूखा रहना मुश्किल था।

इस तरह मैंने 10 मिनट और 24 घंटे के सूत्र का इस्तेमाल करके बहुत अच्छी आदतें अपनाईं और बहुत बुरी आदतें छोड़ीं।

इसी तरह आप भी कोई अच्छी आदत अपना सकते हो या कोई बुरी आदत छोड़ सकते हो सिर्फ इस 10 मिनट और 24 घंटे का सूत्र को अपनाकर।

हमेशा 24 घंटे खुश रहें

जीवन में जो खोया उसका कभी गम नहीं और जो पाया वह भी किसी से कम नहीं। जीवन में 24 घंटे खुश रहने के लिए इस चीज को हमेशा याद रखना।

दुनिया में हर इंसान जीवन भर के लिए खुश रहना चाहता है लेकिन वह खुश नहीं रह पाता है क्योंकि उसको खुशी का सही मतलब क्या होता है, पता नहीं होता, खुशी का मतलब ही, नहीं पता होता और वह खुशी चाहकर भी खुश नहीं रहता लेकिन एक सच बात यह है कि खुशी क्या होती है जिसे पता होता है वह जीवन भर खुश रहेगा और औरों को भी खुश रखेगा।

ज्यादातर लोग खुशी जाहिर नहीं करते हैं, इसलिए वह जीवन में नाखुश रहते हैं। बहुत से लोग अपनी खुशी के लिए दूसरों पर निर्भर रहते हैं। वे खुद की खुशी दूसरों को तय करने का मौका देते हैं इसलिए वह खुशी नहीं रह पाते हैं। जो लोग खुशी बाहर की चीजों में देखना चाहते हैं वह कभी कभी खुश रह सकते हैं, लेकिन जीवन भर और हमेशा के लिए खुश नहीं रह पाएँगे।

जीवन में हमेशा खुश रहने के लिए हमको अपने अंदर ही खुशी ढूँढ़नी पड़ती है। जीवन में ज्यादातर लोग अपनी खुशी बाहर की चीजों पर निर्भर करने की वजह से हमेशा दुःखी रहते हैं। दुनिया में बहुत से लोग ऐसे भी हैं जो दूसरों में ढूँढ़ते हैं, वैसे अगर देखा जाए तो

अपनी खुशी दुनिया की कोई भी बाहर की चीजों पर निर्भर नहीं है। अगर हमारी खुशी बाहर के लोगों पर निर्भर होती तो एक ही परिस्थिति में दोनों लोगों को खुश होना चाहिए लेकिन वैसा होता नहीं है। एक खुश होता है तो दूसरा दु:खी रहता है। मिसाल के तौर पर मैं आपको कुछ उदाहरण के तौर पर समझाना चाहता हूँ कि परिस्थिति एक जैसी होती है।

समान परिस्थिति में एक इंसान खुश रहता है तो दूसरा उसी वक्त दु:खी रहता है। मिसाल के तौर पर एक क्लास में दो बच्चे पढ़ते हैं। एक का नाम रामू और दूसरे का नाम शामू है। दोनों ही अपनी 12वीं कक्षा की अंतिम परीक्षा में विफल होते हैं। दोनो को एक ही सदमे का सामना करना पड़ता है। लेकिन रामू से यह सदमा बर्दाश्त नहीं होता। वह अपना जीवन खत्म करने के लिए खुदखुशी करता है और अपना जीवन खत्म कर डालता है। शामू अपनी गलती स्वीकार करता है कि मुझे जितनी पढ़ाई करनी चाहिए थी उतनी पढ़ाई नहीं की, जिसकी वजह से मैं विफल हुआ। ऐसा सोचकर दोबारा अपनी कक्षा का फॉर्म भरकर पास होकर आगे बढ़कर जीवन में डॉक्टर बन जाता है। दोनों के लिए समान परिस्थिति थी लेकिन रामू की खुशी बाहर की दुनिया पर निर्भर थी और शामू ने अपनी गलती स्वीकार किया और इस बात पर गौर किया, कि मेरे साथ कुछ अच्छा होने वाला होगा, इसकी वजह से मैं विफल हुआ, यह सोचकर, दोबारा परीक्षा देने की वजह से क्लास में पहला नंबर लाकर आगे बढ़कर जीवन में डॉक्टर बन गया।

और मैं मिसाल के तौर पर आपको दूसरी उदाहरण से समझाना चाहता हूँ।

दो इंसान जॉब के लिए इंटरव्यू देने जाते हैं। दोनो इंटरव्यू में विफल हो जाते हैं। लेकिन एक दु:खी होकर अवसाद में चला जाता है। तनाव में जीवन जीता है और हमेशा अपने नसीब को ही दोष देता है। अपने हालातों पर रोता है लेकिन दूसरा खुश होकर यह सोचता है कि भगवान ने मुझे कुछ और काम के लिए शायद धरती पर भेजा है। इसलिए मैं

इंटरव्यू में विफल हुआ और आगे चलकर वह दुनिया का सबसे अच्छा बिजनेस मैन बनकर पूरी दुनिया में अपना नाम रोशन करता है और पहला वाला हमेशा दुःखी रहता है और दूसरों को अपनी असफलता के लिए दोषी मानता है।

मैं आपको तीसरे उदाहरण से समझाना चाहता हूँ। दो महिला आपसी समस्या को बनाकर रखती हैं। वे दोनों एक ही दिन घूमने के लिए घर से बाहर निकलती हैं। अचानक ही उन दोनों के साथ एक दुघटना हो जाती है। उस दुर्भाग्यपूर्ण दुर्घटना में उन दोनों के पैर टूट जाते हैं। पहली महिला अपने नसीब को दोष देती है कि हमेशा मेरे साथ ही ऐसा क्यों होता है, शायद मैंने पहले जन्म में कुछ पाप किए होंगे, यह मेरे बुरे कर्मों का फल है, अब मैं बिना पैर के कैसे जीवन व्यतीत करूँगी। मुझे बहुत सी तकलीफों को सामना करना पड़ेगा, मुझे तो पूरा जीवन बेड पर बिताना होगा। मुझे अब कहीं भी घूमने का मौका नहीं मिलेगा।

इस तरह दर्द भरी बातें कहकर और ज्यादा दुःखी होती है, और यह बोलती है कि हे भगवान मेरे पैर छीनने से अच्छा तो मेरी जान ही ले लेते। उसी वक्त दूसरी महिला यह सोचती है कि हे भगवान मैं आपका जीवन भर एहसान नहीं भूलूँगी क्योंकि इस दुर्घटना में सिर्फ पैर गए, मुझे जिंदा रखा आपने, इसके लिए शुक्रिया अदा करती हूँ।

दुर्घटना में सिर्फ, मेरे पैर गए लेकिन मेरे सिर, कान, नाक, हाथ और बाकी के अंग सही सलामत हैं और दुर्घटना में मेरी जान बच गई।

मतलब जो बाहर की चीजों में अपनी खुशी ढूँढ़ते हैं वह हमेशा दुःखी रहते हैं और जो अपने अंदर खुशी ढूँढ़ते हैं वह जीवन में हमेशा खुश रहते हैं। बहुत से लोगों के पास धन-दौलत होता है लेकिन उसमें से कुछ लोग तो खुश रहते हैं लेकिन बहुत से दुःखी भी रहते हैं।

मतलब हमारी खुशी बाहर की चीजों पर हम निर्भर करती है। लेकिन यह बहुत गलत है, सच तो यह है कि हमारी खुशी हमारे अंदर ही होती है।

जीवन में हमेशा खुश रहने के लिए अपने भीतर झाँककर देखना चाहिए। असल में खुशी अपने अंदर ही होती है। खुश रहने के बहुत से तरीके होते हैं जो कि हमको अपने अंदर ही ढूँढ़ना होगा। मैं आपको 24 घंटे खुश रहने का एक मंत्र बताना चाहता हूँ।

सबसे पहले तो आपको मनुष्य का जन्म मिला है और दूसरी बात की आप जिंदा हो यह 24 घंटे खुश रहने का मंत्र है जिसे आप याद करके खुश रह सकते हो।

क्योंकि हम बहुत ही भाग्यशाली हैं कि हमको मनुष्य या इंसान का जन्म मिला और मनुष्य का जन्म मिलकर हम अभी तक इस धरती पर जिंदा हैं। हम अभी सही-सलामत इस धरती पर हैं, यह चीज हमेशा याद रखकर जीवन में, हमेशा खुश रहना चाहिए। क्योंकि हमारे जैसे बहुत से लोगों को आज का दिन देखने का मौका नहीं मिला। हम खुश किस्मत हैं जो कि भगवान ने हमको आज का दिन देखने का मौका दिया और अभी तक हमको इस धरती पर सही-सलामत रखा।

भगवान ने हमें इतना अच्छा मनुष्य का जन्म दिया और इतना अच्छा शरीर दिया। एक सिर, दो कान, दो आँख, एक नाक, दो हाथ और दो पैर इतना सबकुछ दिया है और इतना अच्छा तंदरुस्त शरीर दिया है, इसलिए हमें हमेशा खुश रहना चाहिए।

वैसे देखा जाए तो आज हम जो जीवन जी रहे हैं वह सब औरों के लिए सपना है। हम आज जो खाना खा रहे हैं, वह भी औरों के लिए सपना है।

आज हम जो कुछ भी खा रहे हैं, जो पोशाक पहन रह हैं, जहाँ पर सो रहे हैं और हम जो जीवन जी रहे हैं वह जीवन जीने के लिए लोग ख्वाब देख रहे हैं।

हमको भगवान ने दो आँखें दी हैं। बाकी लोगों को एक आँख से जीवन जीना पड़ रहा है। भगवान ने हमें हाथ दिया, बाकी लोगों को

तो हाथ भी नसीब नहीं हुए। आपको देखने का मौका मिला और किसी को खुली आँखों से नजारा देखने को नहीं मिला।

हमको भगवान ने दो कान दिए हैं सुनने के लिए, लेकिन इस दुनिया में ऐसे भी बहुत से लोग हैं जिन्हें सुनने का मौका नहीं मिला। हम सब दुनिया के साथ बात कर सकते हैं लेकिन इस दुनिया में आपको ऐसे भी लोग देखने को मिलेंगे जिनको बोलने का मौका नसीब नहीं हुआ। हमारे पास दो पैर हैं पूरी दुनिया में भ्रमण करने के लिए और इस दुनिया में ऐसे बहुत से लोग हैं जिनके पास पैर नहीं हैं। बहुत से लोग इस वक्त हॉस्पिटल में जीवन और मृत्यु के बीच जूझ रहे हैं। लेकिन इस वक्त हम खुद को एक स्वस्थ इंसान महसूस कर रहे हैं। हमारी उम्र के बहुत से लोगों को कुछ-न-कुछ छोटी-मोटी बीमारियों ने घेर रखा है लेकिन हम इस वक्त तंदरुस्त हैं।

किसी को टी.वी., किसी को एच.आई.वी., किसी को सर की बीमारी, किसी को आँखों की बीमारी, किसी को कान की बीमारी, किसी को हाथ की, किसी को मुँह की बीमारी, किसी को पैरों की बीमारी तो किसी को पेट की बीमारी, लेकिन हमको भगवान ने कोई बीमारी नहीं दी, हम सही-सलामत हैं और सुखद जीवन व्यतीत कर रहे हैं।

भगवान की कृपा से हमें सब कुछ मिलना है या वह सब कुछ मिल गया जो कि औरों को नसीब नहीं हुआ। इसलिए हमें जीवन में 24 घंटे खुश रहना चाहिए।

हमें जीवन में सबकुछ मिला है और जो कुछ भी मिला है हमारे काबिलियत और अपेक्षा से ज्यादा मिला है, जो कि औरों को नसीब नहीं हुआ बल्कि औरों से ज्यादा मिला है। इसलिए हमें जीवन में हमेशा खुश रहना चाहिए।

जो दिन आपने खुशी से जी लिया वह दिन आपका हो सकता है। बाकि तो सिर्फ नाम के लिए हफ्तों के और महीनों के और सालों के

दिन होते हैं। जो दिन आपने खुशी से जी लिया वही दिन आपका है। बाकी दिनों का कुछ भी निश्चित नहीं है। जितना आप जीवन में खुश रहते हो उतना आप जिदंगी में तरक्की करते हो। जितनी आपकी खुशी, उतनी आपकी कामयाबी होती है, इसलिए जीवन में हमेशा खुश रहना सीखो।

जीवन में हमेशा खुश रहना, यही जीवन का असली मकसद है। जो लोग खुश रहते हैं दुनिया उनको ही पसंद करती है और जो लोगों को खुश रखते हैं उनको भगवान पसंद करते हैं।

आप अपने नीचे वालों को देखकर खुश रहो और अपने आगे वालों को भी देखकर खुश रहो। जीवन में जिनके पास बहुत कम सुख-सुविधा है उनको देखकर खुश रहो और जिनके पास हमसे ज्यादा सुख-सुविधा है उनको देखकर आगे बढ़ने की कोशिश करो। मैं आपको मिसाल के तौर पर समझाना चाहता हूँ कि अगर किसी के पास जो कुछ भी है उससे ज्यादा और उनसे अच्छा हमारे पास है, यह सोचकर खुश रहो और हमारे पास जो है, उससे ज्यादा और अच्छा सामने वाले के पास है तो उसे देखकर आगे बढ़ने की कोशिश करो ताकि आप जीवन में हमेशा खुश रहें। अगर किसी के पास साईकिल है और हमारे पास टू-व्हीलर हो तो उसे देखकर ज्यादा रफ्तार में न जाएँ। किसी के पास हमसे ज्यादा और अच्छा होगा तो उनकी तारीफ करें और हमें भी आगे बढ़ने के लिए भगवान सद्बुद्धि दें, इस तरह की प्रार्थना करें।

अपने नीचे वालों को देखकर खुश रहो और अपने आगे वालों को देखकर आगे बढ़ने का प्रयास करो। यही खुश रहने का मंत्र है, पर अभिमान न करो और न ही दूसरों की तरक्की देखकर जलन की भावना रखो। इन चीजों से आप हमेशा खुश रहोगे। जीवन में आप जितना ज्यादा खुश रहोगे उतनी ज्यादा बीमारियों से दूर रहोगे। आपकी खुशी की वजह से आप अपनी बीमारियों के ऊपर जीत हाँसिल कर सकते हो।

जितना ज्यादा आप खुश रहेंगे, उतनी ही ज्यादा बीमारियाँ आपसे दूर रहेंगी। जीवन में हमेशा कोई भी चीज खुश होकर करो और खुश रहने के लिए हमेशा सकारात्मक सोचें। जीवन में अपनी खुशी का रिमोट किसी के हाथ में न जाने दें। अपनी खुशी का रिमोट खुद के हाथों में रखें। खुश रहने के लिए कभी भी अपनी तुलना बाकी लोगों से मत करो। आप जैसे भी हो वैसे ही खुद को स्वीकार करो। जितना आप खुश रहते हो उतना ही आप कामयाब बनते हो और उतनी ही आपकी तरक्की होती है और आप जीवन में हमेशा आगे बढ़ते हो।

आप कितने खुश हो अपने जीवन में, वह सबकुछ आपका चेहरा बता देता है। अगर आप अंदर से खुश और सकारात्मक होंगे तो आपका चेहरा हमेशा के लिए ताजा, उत्साहपूर्ण, ऊर्जावान, तेजस्वी, प्रफुल्लित और आनंदित होता है। दुनिया के किसी भी क्षेत्र में आपकी तरक्की होगी और दुनिया आपको पसंद करेगी। इसलिए जीवन में 24 घंटे खुश रहो। अगर जीवन में आपको हमेशा के लिए 24 घंटे खुश रहना है तो आपको न ही भूतकाल का सोचना होगा और न ही भविष्य के बारे में सोचना होगा, सिर्फ आपको वर्तमान में ही जीना होगा। न कल का दुःख देखना है और न आने वाले दिन की फिक्र करनी है। आपको सिर्फ अपने जीवन को सफलतापूर्वक व्यतीत करना है।

आपको न गुजरे हुए कल के बारे में सोचना है और न ही आने वाले कल की फिक्र करनी है। हमें तो आज का दिन सही तरीके से जीना है। यह खुश रहने का एक और तरीका है। सिर्फ वर्तमान में जीना है, खुदसे और दूसरों से प्यार जताना है।

जीवन में एक चीज हमेशा ध्यान रखो कि हम जीवन में एक दिन मरने वाले हैं, यह सोचकर जीवन जीना चाहिए और 24 घंटे हमेशा खुश रहना चाहिए।

सेहत में फिट तो कामयाबी में हिट

"जान है तो जहान है।
सर सलामत तो पगड़ी पचास।
बचेंगे तो लड़ंगे
एक बीमार शरीर एक बीमार दिमाग को पैदा करता है।"

यह सारी कहावतें हम सभी लोगों ने बचपन में सुनी हैं लेकिन इनका महत्त्व हमें सिर्फ उसी वक्त पता चलता है जब हम बीमार होते हैं या हमारे साथ कुछ बुरा होता है या जिस समय हमारा शरीर का कोई अंग काम नहीं करता या जब हमारा शरीर साथ छोड़ता है। उसी वक्त हमें समझ में आता है कि हमारी अच्छी सेहत ही हमारा सबकुछ है। तब तक हमको हमारी अच्छी सेहत का मतलब समझ में नहीं आता है। अगर शरीर में जान नहीं है तो शरीर किसी काम का नहीं है। अच्छी सेहत होना ही जीवन का पहला मकसद होना चाहिए। आपके पास अच्छी सेहत नहीं है, लेकिन सबकुछ है, वैसे देखा जाए तो आपके पास कुछ भी नहीं, कुछ भी नहीं है। समझो, आपके पास दुनिया की तमाम दौलत है लेकिन आपका शरीर हमेशा थका हुआ और बीमार रहता है तो क्या आप उस दौलत का आनंद ले सकते हैं? नहीं, मुझे पता है ऐसा हो नहीं सकता।

आपके पास दुनिया की सबसे अच्छी गाड़ियाँ हैं लेकिन आपके दोनों पैर काम नहीं करते तो उस गाड़ी का क्या फायदा? आपका शरीर आपकी दुनिया का सबसे अच्छा घर है और उस घर में हर एक चीज है होनी अति आवश्यक है तभी आप दुनिया में हर चीज से लाभान्वित हो सकते हैं।

हर दिन सुबह उठकर भगवान का शुक्रिया करना चाहिए, जिन्होंने हमको इतना अच्छा शरीर प्रदान किया। हमको सिर्फ उसे अच्छे से सँभालना है। मैं भगवान का शुक्रिया अदा करता हूँ जिन्होंने आपको और मुझे एक अच्छी सेहत के साथ एक अच्छा शरीर दिया। अच्छी सेहत पाने के लिए हर इंसान अपने जीवन में नीचे दी गई चीजों को अमल में लाता है तभी वह जीवन में सेहत की वजह से कामयाबी को हाँसिल करता हैं और अपना हर एक सपना पूरा करता है और वह हर एक चीज को पा सकता है जो उसको जीवन में चाहिए। इसलिए अच्छी सेहत ही हमारी दुनिया की सबसे बड़ी दौलत है। जिसके पास अच्छी सेहत होती है वह दुनिया का सबसे अमीर और खुश आदमी होता है।

मैं आपको सौ टके की बात बताता हूँ कि ***जो इंसान रखता है अपनी सेहत पर ध्यान, वह बनता है कामयाबी में महान और जो लेता है अपनी सेहत से पंगा उनके साथ हमेशा होता है दंगा।*** आपने सेहत को सबसे बढ़िया, मजबूत रखना, यह हमारे जीवन की पहली जिम्मेदारी हैं नहीं तो फिर हम अपने मस्तिष्क को मजबूत नहीं रख सकते, मजबूत शरीर हमको ताकत देता है और ताकत से हमें मानसिक बल मिलता है और हम शारीरिक और मानसिक दोनों तरफ से मजबूत रहें तो हम बड़ी से बड़ी मुश्किल चीजों को आसान कर देते हैं और इस संसार में सबसे खुशकिस्मत वही होते हैं जो समय रहते इस बात समझ लें कि सेहत दुनिया का सबसे बड़ा खजाना है और दुर्भायपूर्ण कुछ लोग इस बात को समय पर नहीं समझ पाते जिसके फलस्वरूप वे अपने जीवन में बहुत समस्याओं से जूझते रहते हैं। अपने जीवन में अपनी सेहत को सर्वाधिक महत्त्व दीजिए, बाकी चीजों को बाद में।

अभी दुनिया में ऐसा हो रहा है कि लोग पैसों कि लिए अपनी जान दाँव पर लगा रहे हैं। फिर बाद में अपनी जान को पाने के लिए पैसा दाँव पर लगा रहे हैं। ईश्वर ने हम मनुष्य को सर्वोत्तम जीवन प्रदान किया है तो सर्वप्रथम ईश्वर को धन्यवाद करें। ईश्वर ने हमसे एक भी पैसे नहीं लिए इस जीवन को देने के लिए अगर लिए होते तो हमको अपना सेहत का महत्त्व जरूर समझ में आता और हम दिल लगाकर पूरी मेहनत से उसकी देखभाल करते।

अगर आप एक बिजनेस मैन हो लेकिन आपका स्वास्थ्य साथ नहीं दे रहा है तो आप बिजनेस को बड़ा नहीं कर सकते। आप बहुत ज्ञानी हैं, लेकिन आपका शरीर ठीक नहीं है तो आपका ज्ञान का फायदा समाज के लिए कुछ भी मायने नहीं रखता। मान जीलिए कि आपके पास एक अच्छी टी.वी. है लेकिन आपको आँखों की बीमारी है और डॉक्टर ने आपको टी.वी. देखने से मना किया है तो अच्छा टी.वी. होने पर भी उसका लाभ आप नहीं उठा सकते हैं।

आपके पास एक अच्छा सोफा सेट है, लेकिन आपको रात को नींद नहीं आती है। उसका आपके लिए कोई महत्त्व नहीं। इससे तो वो आपसे अच्छे भिक्षुक हैं जो कि प्लैफॉर्म और मंदिरों में अच्छी नींद लेते हैं। आपके पास खाने के लिए हर एक चीज है पीने के लिए भी हर एक चीज है। लेकिन आपको कुछ जानलेवा बीमारी है तो डॉक्टर ने आपको कुछ चीजें खाने और पीने से मना कर दिया है तो अच्छे खाने और पीने की वस्तुएँ आपके पास होते हुए भी उसका कोई फायदा नहीं है।

आपके पास सबकुछ अच्छा, धन-दौलत, मकान, गाड़ियाँ, अच्छा परिवार, दुनिया कि हर सुख-सुविधा है, लेकिन एक अच्छा शरीर या अच्छी सेहत नहीं है तो समझ लें कि आपके पास सबकुछ होकर भी खुद की नजरों में ओर दुनिया की नजरों में कुछ भी नहीं है। आपकी साँस तो चल रही होगी लेकिन आप अंदर से जीवित नहीं होंगे। दुनिया में कामयाब होना चाहते हैं, तो सबसे पहले आपको आपकी सेहत पर ध्यान देना पड़ेगा।

तभी जाकर आप कामयाब हो सकते हैं, समझो आपके पास कुछ भी नहीं है लेकिन अच्छी सेहत है तो आप लोहा पिघलाकर दुनिया की तमाम दौलत कमा सकते हैं और उस दौलत को कमाकर दुनिया की हर एक चीज पा सकते हैं जो आपको जीवन में चाहिए।

आपके पास मर्सडीज़ है, खूबसूरत बंगला है, बहुत सारी धन-दौलत है, लेकिन आपको शरीर आपको साथ नहीं दे रहा है तो क्या आप कामयाब इंसान हैं? नहीं, क्योंकि आप कामयाब तभी हो सकते हैं जब आपको स्वास्थ्य ठीक है और तभी आप इन सब चीजों का सुख भोग सकते हैं। कहा जाता है कि एक स्वास्थ शरीर में एक स्वस्थ मस्तिष्क का परिवास होता है।

मैं आपको अपने हिसाब से अच्छी सेहत के लिए 10 अच्छी आदतें बताना चाहता हूँ:

1. जीवन में कुछ भी हो जाए ज्यादा से ज्यादा क्या हो सकता है यह सोचकर हमेशा सकारात्मक सोच रखें।

2. हमेशा खुश रहे।

3. हर दिन खुद के लिए एक घंटे का समय निश्चित करें। उसमें कसरत, प्राणायाम, योगा, ध्यान, खेल, मेहनत आदि जरूर करें, जिससे कि पसीना जरूर छूटे।

4. हमेशा सुबह सूर्योदय के पहले जागें।

5. कभी भी भूतकाल और भविष्यकाल की चिंता न करें।

6. अच्छा खाना खाएँ (खाने को बत्तीस बार चबाकर खाएँ), जीवन में कभी बीमार नहीं पढ़ सकें।

7. अच्छा देखो, अच्छा सुनें, अच्छा बोलें, अच्छे लोगों के साथ रहें – इन सबका भी हमारी सेहत पर असर होता है।

8. खुद पर भरोसा रखें, आत्मविश्वासी बनें।

9. कभी डरें नहीं।

10. हर दिन 10 मिनट तक जोर-जोर से हसें।

सिर्फ हार मत मानो

इस दुनिया में हर एक इंसान को जीत ही पसंद होती है। किसी को हार नहीं चाहिए। हर एक अपनी जीत के लिए ही तैयारी करता है। लेकिन कभी कभी जीतने के लिए आपको हारना भी पड़ता है। आपने अक्सर एक चीज सुनी होगी की हार के बाद ही जीत है।

हर एक कामयाब इंसान के पीछे एक कहानी होती है, ऐसी कहानी जो किसी ने न सुनी होती है, न ही किसी ने देखी होती है और न ही किसी ने आजमायी होती है। दुनिया तो सिर्फ कामयाब इंसान की चमक देखती है, सिर्फ उड़ान देखना चाहती है। लेकिन इस दुनिया में जितने भी लोग कामयाब हुए हैं वे सब पहले कभी न कभी नाकामयाब हुए हैं।

आपको जीतने से पहले हारना जरूरी होता है तभी आप जीत का महत्त्व समझ पाते हैं। आप जितनी बार हारते हो, उतनी ही बार आप उत्तम बनते जाते हो। कामयाबी के शिखर पर पहुँचने के लिए आपको पहले नाकामयाबी की सीढ़ियाँ चढ़नी पड़ती हैं। सिर्फ आपको जीवन में एक चीज ध्यान में रखनी है कि आपको गिरकर दोबारा उठकर चलना है। जिस इंसान ने अपनी हार को न मानते हुए आगे चलने की सोची है वह इंसान जीवन में आगे बढ़ता है और सफलता प्राप्त करता है। हार मिलने पर बहुत से लोग दुःखी और निराश हो जाते हैं। इस दुनिया में बहुत से ऐसे लोग होते हैं जो कि जीना तो चाहते हैं लेकिन उनको हार से नफरत होती है। अगर आपको हार से नफरत है तो आपको जीत से मोहब्बत रखकर कोई फायदा नहीं हैं।

बहुत से लोग हारने के बाद जीतने की उम्मीद ही छोड़ देते हैं क्योंकि उनको ऐसा लगता है कि मैं जीतने के लायक नहीं हूँ या मैं जीतने के लिए बना ही नहीं हूँ। इसलिए वह एक हार के बाद एक जगह पर बैठ जाते हैं।

जितनी बार आप नाकामयाब होते चले चले जाते हो, आप उतनी बार कामयाबी के नजदीक जाते हो। वैसे देखा जाए तो इस दुनिया में कामयाबी और नाकामयाबी यह दो चीज स्थायी नहीं हैं और कामयाबी और नाकामयाबी दोनो चीज ही आपके हाथ में नहीं हैं। आपके हाथ में सिर्फ एक ही चीज है वह है सिर्फ प्रयास करते रहना।

हमारे हाथ में सिर्फ कोशिश करना ही है, न हमारे हाथ में कामयाबी है और न ही हमारे हाथ में नाकामयाबी है। हम तो सिर्फ कोशिश कर सकते हैं और वही हमारे हाथ में है। हमको सिर्फ कोशिश अच्छी तरह से करनी चाहिए। इस दुनिया में बहुत से लोग इसलिए नाकामयाब होते है क्योंकि वह दूसरों को कॉपी करते हैं और खुद पर विश्वास नहीं करते हैं।

इस दुनिया में बहुत से लोग साहस न होने की वजह से असफल होकर घर में छिप जाते हैं और बाहर नहीं निकल पाते। दूसरी बात यह कि जो कई बार असफल होने से मजबूत होते हैं, वो दो या तीन हार से अपनी जीत की तैयारी करना नहीं छोड़ते हैं और इससे भी आगे के लोग होते हैं जो कि सिरफिरे और जिद्दी होते हैं और न ही उनका दिल कमजोर होता है। जब तक उनको जीत नहीं मिलती तब तक यह लोग अपने रास्ते पर चलते रहते हैं।

इस दुनिया में आप जितने भी कामयाब लोगों को जानते हैं या पहचानते हैं या आपने जितने भी कामयाब लोग देखे हैं उन्होंने पहले नाकामयाबी देखी है। आप जितने भी जीत के बादशाह देख रहे हो उन्होंने पहले नाकामयाबी देखी है। हारने के बाद तो जीत पक्की होती है। जब आप हारते हो तो उस वक्त आप सच में नहीं हारते हैं। लेकिन

उस वक्त आप कुछ-न-कुछ सीखते हो। बहुत से लोग हारने के बाद अपना रास्ता बदल देते हैं या कोई भी रास्ता चुन लेते हैं जैसे कि आत्महत्या कर लेना।

इस दुनिया में जितने लोगों ने जीत हाँसिल की है उन्होंने पहले बहुत बार हार के दरवाजे खटखटाए हैं लेकिन आपको एक ही चीज ध्यान में रखनी है कि बार बार हारकर भी आपको जीतने की उम्मीद नहीं छोड़नी चाहिए। तब जाकर आप कभी भी जीत सकते हो। जिन्होंने जीवन में बार बार जीत की सीढ़ियाँ चढ़ीं, जो बहुत ज्ञान लगाकर निरंतर असफल होते रहे या नाकाम बनते रहे, जिनको हमेशा हार का सामना करना पड़ता था, लेकिन उन्होंने कभी भी अपनी जीतने की उम्मीद नहीं छोड़ी। हार के बाद जीत होगी इस उम्मीद से प्रयास किया।

मैं दुनिया के सबसे सफल और कामयाब लोगों की कामयाबी की कुछ कहानियाँ बताना चाहता हूँ। जिन्होंने जीवन में बहुत बार हार देखी है, बहुत नाकामयाबी की सीढ़ियाँ चढ़ीं हैं, असफल हुए हैं और जिनकी नाकामयाबी पर ही कामयाबी बनी है।

1. दुनिया के सबसे जाने-माने और कामयाब इंसान में से एक जो कि अमेरिका के राष्ट्रपति (अब्राहम लिंकन) भी थे, उनको आप सभी लोग पहचानते हैं। एक आम इंसान से लेकर राष्ट्रपति के सफर में उन्हें कम-से-कम 12 बार हार का सामना करना पड़ा।

   जिन्हें बहुत बार हार का सामना करना पड़ा, जो बार बार असफल होते रहे, बार बार नाकामयाब बनते रहे, फिर भी उन्होंने जीवन में कभी हार नहीं मानी और हमेशा जीतने की उम्मीद लेकर प्रयास करते रहे और दुनिया में हार के बाद जीत ही होती है। उन्होंने अमेरिका का राष्ट्रपति बनकर दुनिया को साबित करके दिखाया।

2. बार बार हारकर जिन्होंने विजय का झंडा लहराया और जो कि बार असफल हुए। जिन्होंने 999 बार हार का सामना किया जिनको 999 बार नाकामयाब होना पड़ा। ऐसे दुनिया को उजाला देने वाले सफल और कामयाब इंसान जिनको हम थॉमस एडिसन के नाम से जानते हैं उनकी जगह पर कोई इंसान होता तो इतनी बार नाकामयाब होने पर अपनी कामयाबी की उम्मीद छोड़ देता और खुद को निराश और कंगाल समझने लगता और खुद के ऊपर नाकामयाबी का सिक्का लगाकर घर में बैठ जाता। लेकिन उन्होंने ऐसा नहीं किया।

अंततः उन्होंने पूरी दुनिया को एक चीज बता दी कि जब तक कामयाबी न मिले तब तक प्रयास करते रहना चाहिए।

3. एक इंसान जो कि मैकडॉनल्ड के संस्थापक हैं लेकिन मैकडॉनल्ड को बनाने से पहले उन्हें 300 से अधिक लोगों को नकार दिया था। उन्होंने हार मानी होती तो आज हम मैकडॉनल्ड को नहीं पहचान सकते थे।

4. आप सबकी के.एफ.सी. के कर्नल सैंडर्स को जानते हैं, कर्नल सैंडर्स को 1009 से ज्यादा बार असफल होना पड़ा। उन्हें के. एफ.सी. को मार्केट में लाने के लिए 1009 बार असफलता देखनी पड़ी। उनको 1009 बार सुनना पड़ा और आज आप देख सकते हैं कि उनके रेस्टोरेंट, 120 देशों से ज्यादा देशों में उनका व्यवसाय सफलतापूर्वक चल रहा है। 120 से ज्यादा देशों में उनका नाम चल रहा है और उन्हें यह कामयाबी 65 साल की उम्र में मिली यानि कामयाबी के लिए उम्र भी मायने नहीं रखती है। यह उन्होंने दुनिया को साबित करके दिखाया।

5. दुनिया के सबसे अच्छे और जाने-माने चीन के सुप्रसिद्ध व्यवसायी और दुनिया के सबसे अमीर व्यक्तियों में से एक अमीर व्यक्ति और अलीबाबा के संस्थापक जैक मा जीवन में

बहुत बार असफल हुए। उनको जीवन में 30 से ज्यादा बार अस्वीकृति का सामना करना पड़ा।

6. एक सफल और कामयाब इंसान जिन्हें हम सब लोग जानते है जो कि बास्केट बॉल के बादशाह भी हैं, उनका नाम माइकल जोर्डन है जिनका कहना यह है कि मैंने अपनी जीवन में 900 से शॉट्स मिस किए। 26 मौकों पर उन्होंने विनिंग ज्यादा शॉट्स गँवाए और 300 मैचों में हमेशा नाकामयाब रहे। यह कहानी दुनिया के महान बास्केट बॉल खिलाड़ी माइकल जॉर्डन की है जो कि महान सफल लोगों में से एक हैं।

ऐसे दुनिया के महान लोग जो कि एक जमाने में नाकामयाब रहे और असफल रहे, लेकिन उन्होंने कभी हार नहीं मानी। हमेशा जीतने की आशा रखी और हमेशा जीतने का प्रयास किया। उनके लिए हार मायने नहीं रखती थी। उनको सिर्फ अपनी कामयाबी आगे नजर आती थी।

अगर उनकी जगह हम होते तो इतनी बार असफलता का सामना करने पर हम जीतने की उम्मीद छोड़ देते और हमेशा के लिए अपने ऊपर हार की मुहर लगाकर कामयाबी से दूर रहते। लेकिन उन्होंने नाकामयाबी के ऊपर जीत हाँसिल की, *असफलता के ऊपर सफलता हाँसिल की और दुनिया को एक ही बात बताई कि अगर सफल होना है तो सिर्फ अंतिम साँस तक लड़ें।* फिर कामयाबी आपके पैर चूमेगी और सफलता आपके पास आएगी और हार के ऊपर जीत हाँसिल होगी। आप जीवन में जब तक सफल नहीं होते, जब तक कामयाब नहीं होते, जब तक आपकी जीत नहीं होती, तब तक आपको हार नहीं माननी चाहिए।

कामयाबी का दुश्मन कम्फर्ट ज़ोन

दुनिया में हर एक इंसान आरामदायक जीवन जीना चाहता है। उनको किसी भी तरह का दर्द, तकलीफ, समस्या, गम, डर नहीं होना चाहिए। उनको आरामदायक जीवन छोड़कर आगे बढ़ने के बारे में सोचना चाहिए। लेकिन आराम से जीवन जीने के लिए आपको सबसे पहले आरामदायक जीवन जीने का ढंग छोड़ना पड़ेगा। मतलब पहले आपको मुश्किलों का सामना करना पड़ेगा। आपको दर्द, तकलीफ, गम, डर, समस्या इन सभी चीजों से झगड़ना पड़ेगा।

जीवन में सबसे ज्यादा खुशी वहाँ मिलती है जहाँ किसी भी तरह का तनाव नहीं है। किसी भी प्रकार का गम नहीं। किसी भी तरह का चेलेंज नहीं है कि मैं आपको एक चीज बताना चाहता हूँ लेकिन ऐसी जगह पर किसी भी तरह की न खुद की तरक्की है और न अपने परिवार की तरक्की है।

जहाँ सबसे ज्यादा खुशी मिलती है, आनंद मिलता है, बहुत मजा आता है, बहुत मस्ती करने की इच्छा होती है, वहाँ बहुत सुकून मिलता है। जहाँ कुछ भी करने की जरूरत नहीं होती है जो कि हर वक्त एक जैसा ही होता है। उसे हम आराम क्षेत्र बोलते हैं।

जहाँ कुछ करने की जरूरत नहीं पड़ती है वह है आराम क्षेत्र। लेकिन एक चीज ध्यान में रखें कि वहाँ किसी भी तरह का विकास नहीं है, वहाँ पर कुछ भी बदलाव होना संभव नहीं हैं।

अगर आपको जीवन में कामयाब होना है, आगे बढ़ना है और खुद की कमजोरी को ताकत बनाना है, जीवन पर राज करना है, अपने सपने साकार करने हैं तो सबसे पहले हमको आराम क्षेत्र छोड़ना पड़ेगा। आराम क्षेत्र दुनिया की ऐसी जगह है जहाँ खुशी तो मिलती है, वह भी अस्थायी लेकिन विकास नहीं होता।

कम्फर्ट ज़ोन दुनिया की ऐसी जगह है जहाँ पर अस्थायी खुशी मिलती है लेकिन स्थायी विकास कभी नहीं होता क्योंकि वहाँ किसी भी तरह का तनाव नहीं होता है।

अगर आपको जीवन में कामयाब होना है तो आराम क्षेत्र छोड़ना होगा और खुद को आग में तपाना होगा। तभी आपके भीतर सही ढंग की चमक आ सकती है।

मेरे हिसाब से आराम क्षेत्र का मतलब जानवर की तरह जन्म लेना है और जानवर की तरह मर जाना है क्योंकि जानवर जन्म तो लेते हैं लेकिन न उनके सामने कोई लक्ष्य होते हैं और न ही खुद के लिए वह कुछ नया करने की सोचते हैं। वह हमेशा साधारण जीवन जीते हैं। जैसे कि भगवान के दिए हुए जीवन को पूरा करके मर जाते हैं। इस धरती पर जैसे आए थे वैसे ही मर जाते हैं।

जो लोग जीवन में आराम क्षेत्र में रहते हैं उनके सामने न खुद के लक्ष्य होते हैं, न वह कुछ अच्छा सोचते हैं, वे न खुद के लिए कोई अच्छी चीज करते है, न ही कुछ नया करने की सोचते हैं, तथा हमेशा साधारण जीवन जीते हैं। अंतत: ईश्वर के प्रदान किए हुए जीवन को पूरा करके मर जाते हैं।

अगर आपको जीवन में आगे बढ़ना है, आपको कुछ बड़ा करना है तो आपको अपना आराम क्षेत्र को छोड़ना होगा। तभी आप आगे बढ़ सकते

हो या कामयाब हो सकते हो। आपको आरामदायक जीवन छोड़कर या आपको अपनी मौज-मस्ती वाले जीवन को छोड़कर खुद को आग में तपाना होगा, तभी आप आगे बढ़ सकते हैं।

जब आप कम्फर्ट ज़ोन को छोड़कर एक नए रास्ते पर चलते हैं तो उसी वक्त आपको बहुत सारा दर्द, तकलीफ, टेंशन, गम, डर, भूकंप और सुनामी इन सभी चीजों को अपनाना होगा।

सबसे पहले आराम क्षेत्र का सीधा सा मतलब है इस दुनिया में आना, सांड की तरह खाना और सांड की तरह सोना और अपने जीवन को बिना कुछ किए बिताना।

अगर आपको कुछ नई चीजें सीखनी हैं तो उस वक्त थोड़ा बहुत दर्द तो होगा। अगर आपको कुछ बड़ा करना है तो आपको थोड़ी बहुत मुश्किलों का सामना करना पड़ेगा। जीवन में अगर आपको कामयाब होना है तो आपको अपनी आरामदायक कुर्सी को छोड़ना होगा और कुछ बड़ा करने के लिए धूप में खड़ा रहना होगा।

अपने जीवन को खूबसूरत बनाने के लिए आपको दिन-रात मेहनत करना होगा। अपने जीवन में चार-चाँद लगाने के लिए आपको छाँव छोड़कर धूप में खड़ा रहना होगा। रातों की नींद गँवानी होगी, आपको जीवन के ऊपर कुछ कानून लागू करने होंगे। जीवन में हमेशा एक चीज को ध्यान में रखो कि जो आराम क्षेत्र में अपना जीवन बिताना चाहता है वह सिर्फ और सिर्फ जीवन में नाकामयाब रहेगा।

जीवन में हर एक इंसान को अपना खुद का आराम क्षेत्र पसंद आता है। लेकिन जो आराम क्षेत्र में जीवन गुजारना चाहते हैं, उनके लिए कामयाबी के सभी दरवाजे बंद हो जाएँगे। आपको एक चीज बताना चाहता हूँ कि कोई भी चीज अगर आपके आराम क्षेत्र में है तो आपकी कीमत समाज में नहीं बढ़ती है न उसका कोई मान-सम्मान होता और न आपके जीवन में कोई बदलाव होता है।

मिसाल के तौर पर मैं आपको एक चीज समझाना चाहता हूँ कि अगर किसी गाड़ी को कभी उपयोग न करके उसे हमेशा पार्किंग में खड़ा रखा या उस गाड़ी को एक जगह खड़ी करके उसको बहुत दिनों तक बाहर नहीं निकाला जा सकता। तो उस गाड़ी की कुछ भी कीमत नहीं है क्योंकि उस गाड़ी का उत्पादन घूमने के लिए हुआ है न कि एक जगह खड़ी करने के लिए या रुकने के लिए।

एक विमान का उत्पादन आकाश में उड़ने के लिए हुआ है हवाई अड्डे पर खड़े होने के लिए नहीं।

एक समुद्री जहाज समंदर में घूमने के लिए बना है न कि समंदर के किनारे रुकने के लिए।

कोई भी एक चीज जब तक अपनी आराम क्षेत्र नहीं छोड़ती है तब तक वह कभी आगे नहीं बढ़ सकती और न ही उनका विकास हो सकता है।

एक आम इंसान से खास इंसान बनने के लिए आपको अपना मनपसंद आराम क्षेत्र छोड़ना होगा, गाड़ी हो या हवाई जहाज या विमान जब तक वह अपनी जगह नहीं छोड़ते तब तक अपनी जगह पर सुरक्षित और सही है, लेकिन उनका कोई विकास नहीं हो सकता है, मतलब उनका किसी भी तरह का मान-सम्मान नहीं है। लेकिन जब वह अपनी जगह छोड़कर अपना कार्य करेंगे उसी वक्त उनको असुरक्षा लगेगी और डर लगेगा और परेशानियाँ होंगी। लेकिन किसी भी तरह की मुश्किल में उनकी जीत होने वाली है।

उसी तरह अपने जीवन में आगे बढ़ने के लिए हमको आराम क्षेत्र छोड़ना होगा। गाड़ी, बस, ट्रेन, जहाज, हवाई जहाज यह सभी चीजें जब तक एक ही जगह पर रुकते हैं तब तक वह आराम क्षेत्र में हैं लेकिन एक ही जगह रुककर उनका कोई भी मूल्य नहीं है कुछ भी महत्त्व नहीं है।

जब तक वह अपनी जगह नहीं छोड़ते हैं तब तक उनकी जरूरत और महत्त्व समाज में नहीं होता है लेकिन एक बात सच है कि वह एक जगह पर रुककर सुरक्षित जरूर हैं लेकिन उनके सपने या मकसद पाने की संभावना बहुत कम है।

जीवन में आगे बढ़ने के लिए बदलाव करना जरूरी है। लेकिन आप आराम क्षेत्र छोड़ने के बाद ही आगे बढ़ सकते हैं।

जब तक कोई इंसान अपना आराम क्षेत्र नहीं छोड़ता है तब तक वह आगे नहीं बढ़ सकता है। आराम क्षेत्र में इंसान वक्त पर सोना, वक्त पर खाना हर चीज को जरूरत से ज्यादा करता है।

हम आराम क्षेत्र में रहने की वजह से इंसान को अपनी शक्तियों का ज्ञान नहीं हो पाता है। जब वह आराम क्षेत्र से अलग होता है तो वह अपनी पूरी ताकत और अपनी पूरी शक्तियों का इस्तेमाल करता है। जीवन में हमेशा एक चीज को ध्यान में रखना कि आराम क्षेत्र में रहने से आपकी अद्भुत शक्तियों का विनाश होता है, ऐसा व्यक्ति जीवन में कुछ नहीं कर सकता है।

जो इंसान अपने आराम क्षेत्र में रहता है वह अपनी ताकत, अपना ज्ञान, अपनी बहादुरी यह सारी चीजें भूल जाता है लेकिन जब वह अपने आराम क्षेत्र को छोड़कर कुछ नए बदलाव करता है तो उसको अपनी ताकत, ज्ञान और अपनी क्षमताओं का अनुमान होता है और वह जीवन में कुछ बढ़िया करता है।

जीवन में कभी भी बनना होगा तो जंगल का शेर बनना, सर्कस का शेर नहीं।

जो शेर सर्कस में होता है वह पिंजरे में सुरक्षित और शानदार होता है। उसको किसी भी प्रकार का दर्द, तकलीफ, समस्या और मुश्किलों का सामना नहीं करना पड़ता है। उसे वक्त पर हर एक चीज मिलती है, समय पर खाना मिलता है, समय पर पानी मिलता है, समय पर नींद मिलती है, उस सर्कस के शेर को जगह पर सारी चीजें बिना मेहनत

किए मिलती हैं। लेकिन वह बंद पिंजरे में जीवन जीता नहीं बल्कि जीवन काटता है। वह बंद पिंजरे में रहकर अपने आप को कैद करके जीवन बिताता है। उसे उसके मालिक की दी हुई यातनाएँ झेलनी पड़ती हैं। मालिक जो बोलेंगे उसे वही करना पड़ता है क्योंकि वह आराम क्षेत्र में रहकर अपनी बहादुरी, ताकत और अपना ज्ञान सबकुछ भूल जाता है।

अपनी जीवन मालिक के हवाले कर गुलाम बनकर अपना जीवन व्यतीत करता है क्योंकि उसको पिंजरें में कैद होकर अपने आराम क्षेत्र में रहने की आदत पड़ गई है और वह आराम क्षेत्र में रहना पसंद करता है। लेकिन वह न ही अपनी ताकत को आजमाता है और न ही सारी शक्तियों का इस्तेमाल करता है। वह हमेशा के लिए जीवन में गुलाम बनकर अपना जीवन व्यतीत करता है। लेकिन उस सर्कस के शेर का जीवन सुरक्षित है, खूबसूरत है, शानदार है लेकिन उसको उस जगह पर मान-सम्मान, नाम, इज्जत, शोहरत नहीं मिलता है।

अगर देखा जाए तो सर्कस के शेर को अपना आराम क्षेत्र छोड़कर खुद में बदलाव लाकर कुछ ऐसा करके दिखाना चाहिए कि दुनिया उसको राजा माने। और जब बात दूसरे शेर की आती है मतलब जंगल का शेर तो कहानी अपनी दर्द भरी, पीड़ादायक, मुश्किलों से, समस्याओं से भरी हुई है। खाना मिलेगा या नहीं उसको यह भी पता नहीं होता। आज चैन की नींद मिलेगी या नहीं, आज मुझे समय पर खाना, समय पर पानी, समय पर नींद यह सभी चीजें मिलेंगी या नहीं।

फिर भी वह बपनी बहादुरी से, अपनी ताकत से, अपने ज्ञान से, अपने कौशल को अपने खाने-पीने और नींद में लगाकर अपनी जीवन खुद के दम पर गुजारता है और हमेशा बादशाह जैसे जीवन गुजारता है। जब चाहे तब वह अपने दिल के हिसाब से और अपने हिसाब से जीवन जीता है क्योंकि वह अपना आराम क्षेत्र छोड़कर अपनी जीवन बिताना चाहता है, साम्राज्य खड़ा करता है, उसे खुद का जीवन खूबसूरत बनाना है। वह अपने कम्फर्ट ज़ोन को छोड़कर हर तरह की मुसीबत, हर तरह का

दर्द, और हर तरह की तकलीफ झेलने के लिए हमेशा तैयार रहता है। इसलिए वह अंदर से और बाहर से बहुत मजबूत बनता जाता है और वह किसी के ऊपर निर्भर नहीं रहता है। क्योंकि वह अपनी ताकत के बल पर अपना नाम कमाता है। अपना साम्राज्य स्थापित करता है। वह आराम क्षेत्र छोड़कर अपनी जीवन को आगे लेकर जाने के लिए तैयार रहता है और अपने हिसाब से जीवन जीता है। जो खाना चाहिए वह खाता है। जो पानी पीना है वह वही पानी पीता है। जहाँ सोना है वहाँ सोता है। जहाँ घूमना है वहाँ घूमता है क्योंकि वह अपनी मर्जी का मालिक होता है। वह अपना आराम क्षेत्र छोड़कर हर चीज को बर्दाश्त करकर आगे निकलना चाहता है। हमेशा बादशाह की तरह जीना चाहता है क्योंकि वह अपने आराम क्षेत्र में रहकर सर्कस के शेर की तरह अपनी बहादुरी, अपनी ताकत, अपना ज्ञान और अपना कौशल भूलना नहीं चाहता है। वह आजादी से अपना जीवन बिताना चाहता है। लेकिन सर्कस का शेर जिंदा रहकर भी मरे हुए शेर की तरह अपनी जीवन बिताता है।

इसलिए जीवन में हमेशा एक चीज का ध्यान रखो, सर्कस का शेर बनने की बजाए जंगल का शेर बनकर अपनी जीवन शानदार, खूबसूरत और बढ़िया बनाओ।

सर्कस के शेर को मालिक जैसा बोलेगा वैसा ही उसको जीवन व्यतीत करना है। नाचना पड़ता है, बैठना पड़ता है, दो पैरों पर खड़ा होना पड़ता है। मतलब अपना जीवन वह अपने मालिक के हिसाब से जीता है। लेकिन उसे बहुत बहादुरी, बहुत ताकत, बहुत ज्ञान और होशियार होने के बाद भी क्योंकि वह आराम क्षेत्र में रहना, पसंद करेगा। इसलिए नहीं करेगा क्योंकि वह दर्द, तकलीफ, मुश्किल, गम, डर, आँधी, तूफान और सूनामी इन सारी चीजों को झेलना पसंद नहीं करता। और होशियारी भूलकर अपनी जीवन गुलाम की तरह बिताता है।

जंगल का शेर जिसे अपने जीवन का पता नहीं होता उसके लिए सुरक्षा तो बहुत दूर की बात है। जिसे कोई भी चीज मिलने की कोई

गारंटी होती फिर भी वह अपना आराम क्षेत्र छोड़कर अपनी खुद की मेहनत, खुद की ताकत, खुद की बहादुरी और होशियारी का इस्तेमाल करके अपनी जीवन खूबसूरत, शानदार व बढ़िया बनाता है।

इसलिए मेरे प्रिय मित्र जीवन में आगे बढ़ने के लिए कम्फर्ट ज़ोन को छोड़कर आपको अपनी जीवन को बदलने के लिए खुद में बदलाव लाना है। जैसा कि आराम क्षेत्र में सिर्फ मौज-मस्ती, आनंद सिर्फ स्थायी रूप मिल सकती है लेकिन सही आनंद, सुख-समृद्धि वह भी स्थायी जीवन भी आपको जब आप अपना कम्फर्ट ज़ोन छोड़कर दर्द, तकलीफ, बदलाव, मुश्किलें, समस्या इस सभी चीजों को झेलने के लिए तैयार होंगे। तभी आप जीवन खूबसूरत बना सकते हैं। आराम क्षेत्र में रहकर हम अपना जीवन पूरी तरह बर्बाद कर सकते हैं।

जिस इंसान के पास सबकुछ है लेकिन वह कम्फर्ट ज़ोन में रहता है तो वह एक दिन अपना बनाया साम्राज्य खत्म कर सकता है, लेकिन जिस इंसान के पास कुछ भी नहीं है वह अपना आराम क्षेत्र छोड़कर अपना पूरा जीवन खूबसूरत, शानदार व बढ़िया बना सकता है। क्योंकि उसको पता होता है जब हम आराम क्षेत्र छोड़कर एक अच्छा जीवन बनाने के लिए घर से निकलते हैं तो हमको दिन-रात मेहनत करनी पड़ती है, चैन की नींद को त्यागना पड़ता है, ज्यादा मेहनत करनी पड़ती है, ज्यादा समय देना पड़ता है, खून-पसीना एक करना पड़ता है।

अपने सपने साकार करने के लिए उसको पता होता है अगर मैंने ज्यादा मेहनत नहीं की, ज्यादा समय नहीं दिया, चैन की नींद नहीं त्यागी, अपने खुद में बदलाव नहीं किया तो मैं आगे नहीं बढ़ सकता। मेरे मकसद पूरे नहीं हो सकते। इसलिए मुझे मेरे आराम क्षेत्र को छोड़कर आरामदायक जीवन को बदलना जरूरी है। तब जाकर मैं हमेशा कामयाब रहूँगा।

जब इंसान कम्फर्ट ज़ोन छोड़ता है तो उस वक्त उसे दर्द, तकलीफ, डर, गम, मुश्किलों, आँधी-तूफानों का सामना करना पड़ता है। लेकिन

आने वाले दिनों में उसका जीवन खूबसूरत और शानदार होता है। उसके सारे सपने साकार होते हैं। उनके सारे मकसद पूरे होते हैं।

जब भी इंसान अपना आराम क्षेत्र छोड़ता है उसे ज्यादा मेहनत करनी पड़ती है। ज्यादा समय देना पड़ता है। अपना खून-पसीना एक करना पड़ता है। दिन-रात एक करना पड़ता है। छाँव-छोड़कर धूप में खड़े रहना पड़ता है। खुद को आग में तपाना पड़ता है। और उस वक्त वो अपनी सारी शक्तियाँ, सारी ऊर्जा, ताकत, बहादुरी, होशियारी बाहर निकलकर अपने आसमान को छूता है।

अपने खुद के दम पर मेहनत कर अपना नाम रोशन करता है। लेकिन अपना आराम क्षेत्र में रहकर कोई भी मनुष्य कभी भी अपने सपने साकार नहीं कर सकता है। आराम क्षेत्र को अपना दुश्मन समझकर उसे जल्दी छोड़ देना चाहिए।

कामयाबी के लिए ज्ञान नहीं ऐक्शन जरूरी है

मेरे हिसाब से इस पूरी दुनिया में 95% ऐसे लोग होते हैं जिन्हें सबकुछ पता होता है। उनके पास हर चीज का ज्ञान होता है। जैसे कि जीवन में सफलता पाने के लिए क्या करना चाहिए, जीवन में आगे बढ़ने के लिए क्या जरूरी है। अपना जीवन खूबसूरत बनाना है तो क्या नहीं करना चाहिए। अपने सपने साकार करने हैं तो हमको किन-किन चीजों को अपनी जीवन में लाना चाहिए।

अगर हमें अपनी जीवन में चार-चाँद लगाना है तो क्या करना जरूरी है और क्या नहीं करना चाहिए। हमें कामयाब और सफल होने के लिए किन-किन रास्तों पर चलना चाहिए। हमें सफलता पाने के लिए खुद में क्या-क्या बदलाव लाना चाहिए। इस तरह का ज्ञान लगभग 95% लोगों पता होता है उसके बावजूद सिर्फ 5% लोग ही कामयाब होते है और आगे बढ़ते हैं और अपने सपनों को साकार कर पाते हैं क्योंकि दुनिया में सिर्फ 5% लोग ही ऐसे होते हैं जिन्हें सफलता मिलती है। वह आगे कामयाब होते हैं क्योंकि वह अपने ज्ञान को कर्म में परिवर्तित करते हैं।

95% लोगों को सिर्फ कामयाबी पाने का ज्ञान होता है लेकिन वे कामयाब नहीं हो पाते क्योंकि वह सिर्फ कामयाबी पाने का ज्ञान साथ में लेकर घूमते हैं लेकिन उसके ऊपर अमल नहीं करते हैं। सिर्फ ज्ञान की वजह से ही कामयाबी मिलती तो दुनिया का हर एक इंसान कामयाब

बनता। लेकिन सफलता कैसे प्राप्त करनी है इसका ज्ञान होकर भी इस दुनिया में 95% लोग नाकामयाब रहते हैं, असफल रहते हैं और आगे नहीं बढ़ पाते हैं क्योंकि कामयाबी पाने के लिए सिर्फ ज्ञान का होना ही जरूरी नहीं होता।

इस दुनिया में 5% लोग ही होते हैं जो कि अपने सपने साकार करते हैं। अपनी मंजिल को पाते हैं। आगे बढ़ते हैं और अपने जीवन को खूबसूरत बनाते हैं या अपने खुद के दम पर अपना नाम कमाते हैं। अपनी खुद की एक पहचान बनाते हैं। ऐसे लोगों को अपनी सफलता का मार्ग पता होता है। ऐसे लोगों को पता होता है कि अपने खुद के मकसद को पूरा करने के लिए क्या-क्या करना है और क्या-क्या नहीं करना है।

स्वयं में क्या-क्या बदलाव लाना महत्त्वपूर्ण है। और कामयाबी पाने के लिए जो जो चीजें पता होती हैं, वह उन सभी चीजों को अपने जीवन में लागू करते हैं। सफलता प्राप्त करने का ज्ञान को अपनी जीवन में इस्तेमाल करते हैं क्योंकि कामयाब बनने के ज्ञान होने से इस दुनिया में कोई भी इंसान कामयाब नहीं हुआ है।

लेकिन जिसको कामयाबी पाने का ज्ञान होता है और वह ज्ञान अपनी जीवन में इस्तेमाल करता है या कामयाबी पाने के ज्ञान को अपना जीवन में उतारता है तो वह इंसान ही जीवन में कामयाब हो सकता है और आगे बढ़ सकता है। अपने सपने साकार कर सकता है और अपनी जीवन खूबसूरत बना सकता है। इसलिए दुनिया में सिर्फ 5% लोग ही सफल और कामयाब हो पाते हैं।

सिर्फ कामयाब होने की जानकारी से कोई इंसान कामयाब नहीं बन सकता लेकिन उस जानकारी को अपने जीवन में इस्तेमाल करके हम अपना जीवन कामयाब और सफल बना सकते हैं। इस दुनिया में 95% लोगों को यह पता होता है कि सुबह जल्दी उठना अपनी सेहत के लिए अच्छा होता है लेकिन 95% लोग सुबह जल्दी नहीं उठते क्योंकि उनके

पास सिर्फ ज्ञान है। लेकिन वह उस ज्ञान का सही इस्तेमाल नहीं करते। इसकी वजह से वे अपने जीवन में कामयाब नहीं हो पाते।

दुनिया में 5% लोगों को भी यह चीज पता होती है कि सुबह जल्दी उठना कामयाबी के लिए और सेहत के लिए अच्छा होता है। यह बात उनको पता होती है कि सुबह जल्दी उठना सेहत के लिए और कामयाबी के लिए जरूरी है इसलिए वे उठते हैं और अपने ज्ञान का इस्तेमाल अपने जीवन में करते हैं।

इस दुनिया में 95% लोगों को पता है कि उत्तम भोजन ग्रहण करना, वक्त पर सोना, और वक्त पर हर एक चीज को करना अत्यंत आवश्यक है किंतु लोग कार्य करते नहीं है। अपनी अच्छी खासी सेहत बिगाड़ डालते हैं और हमेशा बीमारियों से घिरे रहते हैं और हमेशा दु:ख और निराशा में रहते हैं।

लेकिन उसी वक्त दुनिया के 5% लोग ऐसे होते हैं जिन्हें सेहत अच्छी रखने का ज्ञान और जानकारी होती है। दुनिया के 5% लोग जो वक्त पर खाना खाते हैं, वक्त पर सोते हैं और वक्त पर हर एक चीज करते हैं जो कि सेहत के लिए जरूरी और महत्त्वपूर्ण है वे लोग जीवन में कभी भी बीमारियों से परेशान नहीं होते और वे हमेशा सेहत के मामले में तंदरुस्त रहते हैं क्योंकि वही 5% लोग जो अपनी खुद की जानकारी का और ज्ञान का इस्तेमाल करके अपनी जीवन में आगे बढ़ते हैं।

दुनिया में 95% लोगों को पता होता है कि जीवन में कामयाब होने के लिए ज्ञान का होना बहुत जरूरी होता है। नया ज्ञान ग्रहण करने से इंसान की तरक्की हो सकती है। अच्छी पुस्तकें पढ़नी चाहिए तथा अच्छे विडियो देखने चाहिए एवं अच्छी ऑडिया सुननी चाहिए। कामयाब होने के लिए अच्छे लोगों की जीवनी पढ़नी चाहिए। 95% लोगों को कामयाबी पाने के रास्ते में यह सब पता होता है लेकिन लोग इनमें से एक भी चीज नहीं करते। इसकी वजह से वह जीवन में कामयाब नहीं हो पाते।

यही चीज 5% लोगों को ही पता होती है कि कामयाब होने के लिए नई चीजें सीखना जरूरी है। अच्छा विडियो देखना और ऑडियो सुनना महत्त्वपूर्ण है और जरूरी भी है। कामयाब और सफल बनने के लिए अच्छे और कामयाब होने के लिए अच्छे लोगों की जीवनी पढ़नी चाहिए और उनके जीवन से कुछ नया सीखना चाहिए। और अच्छी विडियो और ऑडियो जरूर सुनें और देखें। क्योंकि जीवन में 95% लोग ऐसे होते हैं जिनके पास ज्ञान का भंडार होकर भी आगे नहीं बढ़ पाते क्योंकि वह उसका इस्तेमाल नहीं करते हैं और उसी वक्त दुनिया के 5% लोग कामयाबी पाने का ज्ञान अपने जीवन में इस्तेमाल करके अपने जीवन में 95% लोगों से हटकर अपनी खुद की एक अलग पहचान बनाते हैं।

दुनिया में 95% लोगों के पास सिर्फ ज्ञान होता है क्योंकि कोई भी बड़ी कंपनी में जॉब लगने के लिए हमें किसी भी कंपनी के इंटरव्यू के जितने भी चक्र होते हैं उन सभी में पास होना जरूरी होता है। तभी हम एक अच्छी कंपनी में नौकरी कर सकते हैं, और बहुत बड़ी कंपनी के इंटरव्यू में पास होने के लिए हमें उस कंपनी के इंटरव्यू की सही तरीके से तैयारी करनी चाहिए लेकिन 95% लोग बिना तैयारी के, किसी भी तरह के कपड़े पहनने के बाद, किसी भी तरह के जूते या बिना पॉलिश किए हुए जूतें पहनकर, सही ढंग की तैयारी न करते हुए इंटरव्यू के लिए चले जाते हैं और अंतिम क्षण में वह इंटरव्यू में विफल होकर निराश और हताश हो जाते हैं क्योंकि उनको जो ज्ञान था इंटरव्यू में पास होने के लिए किन चीजों की जरूरत होती है परंतु उन्होंने उन सभी चीजों को अपने जीवन में इस्तेमाल नहीं किया और दुनिया में 5% लोगों को पता है कि किसी भी बड़ी कंपनी में नौकरी के लिए क्या जरूरी है तो उस कंपनी के लिए सारे इंटरव्यू में सफल होना जरूरी है, और उसके लिए सही तैयारी करना जरूरी है।

उसके अनुसार वे तैयारी करते हैं मतलब अच्छे कपड़े पहनते हैं वो भी इस्त्री किए हुए, सही तरीके से हजामत बनाते हैं, पॉलिश किए हुए जूते पहनते हैं, सही ढंग का ब्लेजर और जूते पहनकर जाते हैं। बाकी

चीजें जोकि उस कंपनी के लिए जरूरी होती हैं उस कंपनी के इंटरव्यू में सफल होने के लिए जो चीजें जरूरी और महत्त्वपूर्ण है ऐसी सभी चीजों की तैयारी करके वे लोग इंटरव्यू में पास होते हैं और अच्छी नौकरी पा जाते हैं क्योंकि उन्होंने वह सभी जानकारी अपने जीवन में इस्तेमाल की जो कि 95% लोगों ने नहीं की। मतलब सिर्फ जानकारी होने से कुछ नहीं होता उसे इस्तेमाल करके हम अपनी जीवन में आगे बढ़ सकते हैं।

95% लोगों को अपना वजन कम करना होता है लेकिन उनको यह भी पता होता है कि वजन कम करने के लिए क्या खाना जरूरी है और क्या नहीं खाना जरूरी है, लेकिन वे अपने इस ज्ञान का पालन नहीं करते जिसकी वजह से उनका वजन कम नहीं होता।

इसके बावजूद वह जीवन में नाकामयाब रहते हैं। अपना वजन कम करने के लिए और उसी वक्त दुनिया के 5% लोग अपना खुद का वजन कम करने के लिए हर सुबह जल्दी उठकर व्यायाम, योगा, ध्यान करते हैं। सही खाना, सही वक्त पर सोना, बाहर का कुछ भी नहीं खाना जिसकी वजह से उनका वजन बढ़े और वह हर एक जरूरी और महत्त्वनपूर्ण चीज करते हैं। हर हाल में हर उनको यही नतीजा मिलता। इच्छानुसार वजन कम हुआ रहता है मतलब सिर्फ जानकारी होने का कुछ भी फायदा नहीं है उस जानकारी का आप जब तक अपने जीवन में प्रयोग नहीं करते अपने जीवन में तब तक आप अपने जीवन में आगे नहीं बढ़ सकते हैं। 95% लोगों को पता है कि हमारा जन्म गरीबी में हुआ है अगर हमारी मृत्यु गरीबी में ही हो गई तो इसमें गलती सिर्फ हमारी है।

उनको यह भी पता होता है कि गरीबी को मिटाने के लिए हमें अमीर होना पड़ेगा। उसके लिए हमको जी-जान लगाकर मेहनत करनी होगी, खून-पसीना एक करना होगा, दिन-रात एक करनी होगी। हमें अत्यधिक मेहनत करनी होगी। ज्यादा समय देना होगा। खुद में बदलाव लाने होंगे। खुद की ताकत बढ़ानी होगी। खुद में सुधार लाना होगा। खुद की आदतें

बदलनी होंगे। खुद की क्षमता और इज्जत बढ़ाने के लिए कुछ जरूरी और महत्त्वपूर्ण चीजें सीखनी होंगी लेकिन उनको यह सब कुछ पता होते हुए भी वह न ज्यादा मेहनत करते हैं न ही अपनी कौशलता बढ़ाते हैं और न ही अपने आप में सुधार लाते हैं और न ही खुद में कुछ बदलाव लाते है। इसलिए वे हमेशा गरीब रहते हैं। जिस तरह उनका जन्म गरीबी में हुआ उसी तरह वह गरीबी में मरते हैं। लेकिन उसी वक्त दुनिया के 5% लोगों को यह पता होता है कि गरीबी में जन्म लेना कोई बुरी बात नहीं है लेकिन गरीबी में मर जाना बहुत ही बुरी बात होती है। अगर गरीबी मिटाना है तो हमें अमीर होकर मरना है। हमें सिर्फ जी-जान लगाकर मेहनत करनी है और दिन-रात एक करके अपने पैसों का सही इस्तेमाल करना है। खून-पसीना एक करना है और अपने काम से काम रखकर ही अपने काम को या अपने धंधे का या अपनी नोकरी को प्रधानता देते हैं क्योंकि अमीर होने के लिए जो चीजें करनी जरूरी हैं वह हर हाल में करते हैं।

दुनिया में अमीर होकर दिखाते हैं और गरीबी का नामो-निशान मिटाकर गरीबी में जन्म लेकर अमीरी में मरकर अपना नाम रोशन करकर अपनी जीवन से निकल जाते हैं।

इस दुनिया में 95% लोगों को चीजें पता होती हैं। वही बातें 5% लोगों को भी पता होती हैं और जो ज्ञान और जानकारी 5% लोगों को होती हैं वह जानकारी 95% लोगों को भी होती हैं लेकिन सिर्फ 5% लोग की जीवन में कामयाब और सफल हो सकते हैं क्योंकि वह अपना ज्ञान और जानकारी अपनी जीवन में इस्तेमाल करते हैं। उनको कामयाबी और सफलता हाँसिल करने के लिए किन-किन चीजों की जरूरत होती है और क्या चीजें करना जरूरी है यह सभी चीजें वह जानते हैं। लेकिन उसी वक्त 95% लोग उनको जो ज्ञान होता है, जानकारी होती है, 95% लोगों को भी पता होता है, की कामयाब हाने के लिए और सफल होने के लिए किन-किन चीजों को करना जरूरी है और किन-किन चीजों को करना जरूरी नहीं है।

कामयाबी के लिए सही रास्ता कौन-सा है और गलत रास्ता कौन-सा है यह मालूम होने पर उस रास्ते पर 5% लोग अपनाना शुरू कर देते हैं। इसकी वजह से सिर्फ 5% लोगों के जीवन में कामयाब होते हैं और यही चीज 95% लोगों को भी पता होती है कि कामयाबी के लिए सही कौन सा है। लेकिन वह उस कामयाबी के सही रास्ते पर चलना शुरू नहीं करते हैं जिसकी वजह से वह जीवन में कामयाब नहीं हो पाते।

इसलिए मैं आपसे और सबसे निवेदन करना चाहता हूँ कि 95% लोगों की भीड़ का हिस्सा न बनते हुए अपनी खुद की अलग पहचान बनाओ और अपने खुद के दम पर अपनी कामयाबी हाँसिल करो।

यह मेरी दिल से चाहत है मेरे सभी वाचकों के लिए।